埼玉学園大学研究叢書 ◆第8巻◆

貨幣理論の現代的課題

国際通貨の現状と展望

Current Issues in the Theory of Money
International currencies today and tomorrow

OKUYAMA Tadanobu 奥山忠信

社会評論社

目　次

序　章 ——————————————————————— 7

第1章　貨幣の価値 ——————————————— 18
第1節　価値表現と貨幣　18
第2節　金貨幣　24
第3節　金貨幣の価値尺度　27
第4節　不換紙幣の価値尺度　31

第2章　貨幣の変容 ——————————————— 34
第1節　貨幣と社会　34
第2節　貨幣としての金　37
第3節　富としての貨幣　41
第4節　信用貨幣　44
第5節　政府紙幣　50
第6節　電子マネー　54

第3章　貨幣数量説 ——————————————— 58
第1節　貨幣数量説の形成　58
第2節　貨幣数量説の基本的な考え方　61
第3節　流通速度の定義に関わる問題　63
第4節　交換方程式における貨幣と商品　65
第5節　フィッシャーの交換方程式とケンブリッジ方程式　68
第6節　貨幣数量説の因果関係　70
第7節　貨幣数量説の批判　73

第4章　貨幣の管理 ——————————————— 76
第1節　貴金属貨幣の管理　76
第2節　政策としての貨幣数量説　84
第3節　必要流通手段量説　92

第5章　外生説と内生説 ─── 97

第1節　貨幣数量説の復権　97

第2節　カルドアの批判　106

第6章　世界貨幣と基軸通貨 ─── 114

第1節　世界貨幣としての金　114

第2節　ブレトンウッズ　119

第3節　IMF 体制　122

第4節　シニョレッジ　124

第5節　ニクソン・ショック後の基軸通貨　126

第7章　変動為替相場制 ─── 129

第1節　わが国にとっての変動相場制　129

第2節　フリードマンの変動相場制論　132

第3節　変動相場制の移行　136

第4節　変動相場制の諸問題　137

第8章　最適通貨圏とユーロ ─── 142

第1節　ecu から EURO へ　142

第2節　単一通貨の誕生　143

第3節　危機の中のユーロ　145

第4節　マンデルの最適通貨圏論　147

第9章　アジア通貨危機 ─── 154

第1節　ユーロと東アジア　154

第2節　アジアの奇跡の成長と通貨危機　158

第3節　アジア通貨危機後のアジア　163

第4節　アジア通貨危機の教訓再考　166

第10章　国際通貨の展望 ── 170

第1節　国際通貨システムの改革　170

第2節　金本位制崩壊の教訓　172

第3節　バンコール　173

第4節　SDR　179

第5節　金本位制論の現状　181

第6節　アメリカ議会金委員会　184

第7節　マンデルの金本位制論　190

第8節　金本位制復活論の意味　195

結　語 ── 197

Appendix：The Prospect of an Asian Common Currency ── 204

  1. Introduction　204

  2. Currency Crisis in Asia and Foreign Exchange Rate System　206

  3. Rethinking of Nixon Shock, 1971　207

  4. Methodology of the Theory of Commodity　208

  5. Value of Money from the Standpoint of Value-Form Theory　210

  6. Measurement of Value　212

  7. Conclusion ── Gold as Money for East Asia　214

参考文献　216

人名索引　230

あとがき　231

序　章

　人間が創り出した貨幣を人間が制御できずにいる。貨幣は便利な道具ではあるが、従順ではない。貨幣に依拠したシステムが抱える多くの問題が明らかになっても、貨幣に代わる生産と分配をつなぐシステムや、貨幣に代わるほどに人間の欲望を喚起し、生産を刺激する目的が見当たらない。

　本書は、貨幣論が今日抱えている問題を包括的に考察し、貨幣システムの今後を展望することを課題とする。貨幣と金融の危機が繰り返され、長期化する不況の中で、貨幣の量的な拡大が行われている。貨幣はますます看過できない問題となってきている。

　2008年のリーマン・ショック以降、世界にはドルを中心に膨大な貨幣があふれ出ている。そして、円もユーロ（EURO）もその残高を急速に増やそうとしている。経済政策としての貨幣量の増加は、300年前にも実行され、260年前にも理論化されていた。もっとも古い経済政策が、今、実行されている[1]。

　貨幣の増発は、それに比例した物価の上昇をもたらすと言われ、これは自明の法則であるとさえ言われてきた。この間の状況は経済学の通説が通用しないことを示している。確かに、貨幣の増発は、金利の低下や為替レートの低下をもたらす可能性はある。しかし、貨幣の増発が物価の上昇をもたらすのは難しい状況にある。株式や不動産などの騰貴的な

---

1) ルイ15世の治世におけるフランス財務総監ジョン・ロー（John Law,1671-1729）の政策（1715-1720）。大量の紙幣の発行は、当時疲弊していたフランス経済を活性化させるが、国家的規模で創り出されたバブルは短期間に崩壊する。また、貨幣量の増加による経済の活性化の理論（いわゆる連続的影響説）は、ヒューム（David Hume,1711-1776）の功績である（奥山［2011a］、参照）。

高騰をもたらすだけで、実体経済における需要の喚起には、なかなかつながっていないのである。

　もはや人々は、経済学者や政策担当者が期待するような貨幣錯覚には陥らなくなっている、と言えるのかもしれない。しかも、人々が貨幣量の増加によるインフレーションを予期して織り込み済みにするせいで、政策の効果がなくなっているわけでもない。むしろ現状は、貨幣量の増加とインフレや景気の回復とを結びつける思考そのものがなくなっていると言える。

　貨幣数量説は、主流派と言われるマネタリズムの基幹をなす学説であり、その影響力は大きい。経済政策としてはもちろんのこと、市場主義と言われる経済思想の面でも、その学説は深く浸透している。貨幣と金融の危機が繰り返される中で、貨幣数量説に対する批判的考察は、今日の経済学にとっては欠かすことのできない課題と言える。

　けっして響きのよい言葉ではないが、「ブタ積み」という隠語が飛び交っている。日本銀行が金融機関から買い集めた国債は日本銀行の手に収まり、この対価は金融機関が持つ日本銀行の口座の中に振り込まれる。デジタルな処理が行われるだけである。国債の購入による貨幣量の増加といっても、この口座の残高が増えるだけで、日本銀行券そのものが市中に増えるわけではない。

　現在の黒田日本銀行総裁の下でのいわゆる異次元の通貨増発の計画においても、日本銀行券そのものの発行に関しては、若干の増加は計画されているが、ほぼ現状維持のままである。実体経済の回復がなければ、市中銀行が日本銀行に持つ口座の残高が増えるだけである。この状態では、貨幣を増やしても物価は上がらない。貨幣数量説の命題を嘲笑うかのような事態である。貨幣量の増大に比例して物価が上がるという理論が効果を失っていても、貨幣を増やし続ければ、どこかの時点で貨幣に対する信認が失われる。このことがもたらす危機は、貨幣数量説の期待する物価の上昇とは異なる本当のパニックである。

　しかも、わが国は1000兆円と言われる膨大な国債を抱え、毎年税収の半分近い国債費を予算に計上するほどの財政赤字に苦しんでいる。こ

の財政赤字の状況下では、200年前の経済学者リカードウ（David Rivcardo, 1772-1823）の「国立銀行設立私案」(Plan for the Establishment of a National Bank, 1824) が想起される。晩年のリカードウは、イングランド銀行に代わる国立銀行の設立を構想していた。仮に、日本銀行が政府発行の国債を買い取った後で、日本銀行自体を政府が国有化すれば、わが国の膨大な債務問題は解決する。これにともなって、現在発行されている日本銀行券は政府紙幣となる。

　もちろん、中央銀行券から政府紙幣となった紙幣の管理に関する問題は残る。しかし、必要流通手段量説や貨幣供給の内生説が正しいとすれば、必要な貨幣が市中に出てゆくだけである。逆に紙幣の発行に関する貨幣数量説を信じたリカードウは、5人の賢人に貨幣発行に関する理性を託した。実際には「賢人」を想定せざるを得ないほど、貨幣の管理は困難である。この困難さは、信用貨幣の形をとっている今の日本銀行券と同じである。

　貨幣の管理の問題は、常に経済学のもっとも重要な課題の一つであった。社会を鳥瞰すれば、貨幣がなくても生産、分配そして消費という経済活動を行うことはできる。しかし、現在の経済システムにとっては、貨幣は手段であり同時に目的である。貨幣によって生産と分配の編成が行われているのである。貨幣が活動の成否を決める基準であり、貨幣は経済活動の中心に位置している。

　現在のように国際通貨が不換紙幣となり、アメリカのドルが世界の基軸通貨となったのは、ニクソン・ショック（1971）以降である。金は、この時から貨幣であることを止めた。それから約40年しか経っていない。金の貨幣としての長い歴史からすれば、一瞬の出来事と言える。

　貨幣の役割は、石や貝殻や家畜など、さまざまな商品が担ってきたが、金と銀は人類の貨幣史のほとんどを占める。それは、広く受容される商品が貨幣となったというよりも、その美しさと耐久性から財宝として珍重されていたことによる。富としての金や銀は、均質性、分割合成の可能性、持ち運びの便利さ、腐食することのない不滅の素材であることなど、貨幣としての適性を兼ね備えていた。この素材的な性格によって財

序章

宝であり、かつ貨幣である存在へと進化した。

　理論的には、商品はすべて貨幣となる資格はあるが、現実には特定の商品だけが貨幣となっており、金と銀に関しては、貨幣となることによって富となったわけではなく、富として存在していたものが貨幣となったと考えるのが妥当である。

　長い金銀貨幣の歴史からすれば、金銀が交換の道具であり、かつ富のもっとも一般的な存在であることで商品経済が成り立っていた。この貨幣としての金と銀を不換紙幣に置き換えることの方が、むしろ非常識であった。

　国際的な金本位制の形成期には、紙幣は堕落した貨幣と思われていた（Knapp［1905］）。紙という素材の中に価値の永続性を保証する「富」を見い出すことはできないのである。

　富としての金や銀が優れていることは疑いようがない。金や銀は、貨幣となる前に多くの人に望まれる富であった。財宝から貨幣になったのが金や銀である。現在でも、資産としての金への需要は高位の水準にある。

　しかし、貨幣としての金や銀も完全ではない。金や銀が貨幣であった時代でも、アメリカ大陸の発見に続く中南米からの金銀のヨーロッパへの流入にともなう物価の上昇（いわゆる16世紀の価格革命）、海外への金や銀の流出問題、金と銀の交換比率変動の問題、金や銀の鋳貨の摩損問題、国家による鋳貨の悪鋳問題、偽造問題、そして、その内容は明確ではないが、いつも指摘される「貨幣の不足」問題など、多くの問題を抱えていた。

　この点は、ピール条例（1844）が制定され、制度としての金本位制が完成してからも同様である。金貨幣が必要な時に金貨幣が不足し、経済の機能が麻痺する事態が繰り返された。

　しかし、金貨幣に問題があったとしても、金との兌換が停止された不換紙幣は、価値の安定性を欠く。貨幣論を経済学の中心に据えたもっとも大きな出来事の一つは、イングランド銀行の銀行券の金兌換停止措置である。イギリスは、ナポレオン戦争期の1797年にイングランド銀行

券の兌換を停止する。その後のイングランド銀行券の価値は、金に対して低下する。つまり金の価値が上昇する。兌換停止によってイングランド銀行券が混乱期に入ったのである。

　経済学に大きな論争が喚起され、イギリスは、最終的に兌換の再開を決め（1816）、金本位制の道を選択する（1821）。金貨幣に問題があったとしても、不換紙幣は一時的で暫定的なものであり、金にとって代わるものではなかったのである。兌換停止によるイングランド銀行券の不換紙幣化は、危機に際しての緊急避難の手法の一つであり、望まれる制度ではなかったのである。むしろ戦時での金流出の方が危険であった。

　金本位制は、1844年のいわゆるピール条例によって、イギリスの国内制度として完成し、1870年代にイギリスの制度から国際的な制度へと発展する。しかし、第1次世界大戦によって停止され、1920年代後半に再建される。そして、1929年に勃発した世界大恐慌の中で、再び停止される。金の価値が低下したから金本位制が停止されたのではなく、国も人々も金を求めて殺到するから、つまり金が大事だから金本位制が停止されたのである。

　金本位制の停止に続いて、帝国主義列強による経済のブロック化と第2次世界大戦が続く。第2次世界大戦後の国際通貨システムの復活は、深刻な課題を抱えていた。ブロック化を避けるためには国際通貨システムを再構築する必要がある。金本位制の限界が明らかになりつつあったとしても、金は国際通貨の役割を果たさざるを得ない。これは戦争の反省、そして平和のためにも必要なことであり、戦争と金は、国際的な貨幣システムの大きなテーマであった。

　国際通貨の理想の一つは、世界中央銀行の設立にある。しかし、世界は中央銀行を作るほどには成熟していない。ケインズ（John Maynard Keynes, 1883-1946）は、戦後の国際通貨体制を話し合うブレトンウッズ会議におけるイギリス代表であった。その提案は、バンコールという貨幣を発行し、これによって集中的な決済を行う国際的な機関の設立を主張するものであった。ケインズは、国際的な機関を作り、銀行が国内で行っているのと同じような決済を国際的に行うことを主張した。

バンコール (Bancor) は、フランス語では「金の銀行」である。しかし、バンコールの最初の生成は、無から有が生み出されるように作られる。信用貨幣と言うよりも、超国家的な政府紙幣に近い。このような貨幣は、国際的な相互の信頼を条件とする。ケインズがバンコールの設立に向けて、絶対的な平和を加盟国に訴えたのは、このバンコールの性格による。しかし、ブレトンウッズ会議の結論は、各国がアメリカの通貨ドルと固定的なレートを結び、基軸通貨国となったアメリカは、金1トロイ・オンス＝35ドルで兌換する、ということになった。

　戦後の国際通貨システムを担うための機関としてIMF（国際通貨基金）が作られる。IMFは、ケインズのバンコールの提案とは異なり、各国の提供した基金によって成立した。第2次世界大戦終了後の圧倒的なアメリカの金保有を前提に、アメリカ・ドルを世界の基軸通貨とした国際通貨システムであった。

　金が完全に貨幣でなくなったのは、ニクソン・ショック（1971）以降のことである。アメリカは、大量の金の流出に対抗して、金とドルとの兌換停止に踏み切った。金との兌換を保証されたドルが国際通貨として通用してきた第2次世界大戦後の国際通貨システムは、これによって終止符を打つ。それ以降、金は貨幣としての地位に戻っていない。

　現在の膨大な不換紙幣の発行は、金との兌換停止によって可能となっている。紙幣が堕落するのは、発行に歯止めがないからである。天文学的なインフレは、1923―1924年のドイツをはじめ枚挙にいとまがない。超インフレは、時に政治的な革命にも結びついてきた。

　ところが現在では、貨幣は膨張しているが、貨幣の増大が物価の上昇にはつながっていない。貨幣の増加がこれと比例的に物価を上昇させると考える貨幣数量説は、この点でも岐路に立っている。物価がなかなか上昇しないという現在の不況も問題であるが、急激な貨幣増加の政策には、危険がつきまとう。貨幣の増加がある一線で貨幣価値の変化のレベルを超えれば貨幣そのものへの不信となる。これが市場機能を麻痺させることにつながりかねないという危険である。

　金融技術の進展や金融のグローバリゼーションの中で増発された貨幣

は、国際的に金融市場をかけ巡る。繰り返される貨幣や金融危機の原因の一つに、過剰な貨幣の存在をあげることもできる。

　金とドルとの兌換停止とともに、変動相場制が採用された。ヨーロッパは、単一通貨ユーロによって、域内は固定相場制と同じ状態となる。ヨーロッパの域外に対しては変動相場制である。わが国も変動相場制を採用する。しかし、新興国のほとんどは主要な通貨に固定するか、主要国の複数の通貨を通貨バスケットとし、これを基準に為替レートを管理している。実質的な固定相場制である。現在の国際通貨システムは、変動相場制を大きな枠組みにして、さまざまな形式をとってはいるが、実質的な固定相場制という二つの制度が併存している状態にある。

　変動相場制は、仮にそれが完全なものであれば、その定義からして、国家は為替の変動に関与しないことが原則である。このことによって、貿易の不均衡は自動的に回復されることになる。各国は、為替介入のための外貨準備を持つ必要はなくなる。

　しかし、理論と現実とは違った。現実の変動相場制は、為替の安定化のために公的機関の介入が必要となり、そのための外貨が必要となった。さらに一国の介入を超えて国際的な協調さえ必要になっている。短期で動く為替相場に合わせて各国が生産を調整することは難しい。特にわが国は、輸出競争力をつければつけるほど、円高に苦しむことになった。変動相場制は、わが国の経済にとっては、努力が裏目に出るシステムとして立ちはだかった。

　プラザ合意の時期の1ドル＝260円（1985）が、10年後（1995）には80円台に入る事態になった。輸出の条件が悪化し、わが国の製造業の生産拠点は海外に移転される。いわゆる産業の空洞化が進み、雇用機会の減少というもっとも深刻な経済問題が生じる。こうした経緯によって、変動相場制は競争力の向上という努力を正当に評価しないシステムであることが明らかになった。

　ヨーロッパの単一通貨ユーロは、変動相場制の弊害を克服するものとして多くの期待を集めた。それは制度的には固定相場のレベルを越えた単一通貨であり、国際的な中央銀行のモデルとなり得る試みであった。

ESB欧州中央銀行の延長に超国家的な中央銀行を構想することもできた。また、なによりもユーロは欧州国家統合を最終目標とした経済統合であった。

しかし、今、ユーロは危機の最中にある。リーマン・ショックによる国際金融危機の被害をもっとも被ったのが、アジアではなくユーロということになった。ヨーロッパの銀行がアメリカの先端的な金融商品に投資していたことが、裏目に出たと言われる。

ユーロの躓きは、共通通貨そのものの問題であると同時に、今日の国際金融システムに起因した問題でもある。

とはいえ、マンデル（Robert Alexander Mundell, 1932—）の本来の最適通貨圏論は、広域通貨圏の形成とは異なったものであり、最適通貨圏と固定相場制とも必ずしも一致はしない。最適通貨圏の原点に帰ってこの問題を考察する必要がある。もともとの最適通貨圏論は、国家間の問題と国内の地域間格差問題を同時に解決するものとして論じられたものである。国境による通貨圏ではなく、均質な経済圏ごとに通貨圏を再編し、この再編された通貨圏を変動相場制でつなぐという構想であった。

広域的な通貨圏の形成によって、通貨に対する攻撃から自らを守るという趣旨の理論ではなかった。また、ユーロのような単一通貨圏によって固定相場制を復活させようという構想でもない。ユーロ内の国家統合によって国際的な存在感を強めるという構想とも異なる。それはむしろ、今日のユーロ問題に警鐘をならす意味を持った考察であった。

ユーロは、単一通貨・域内固定相場の道を歩んでいる。アジアをはじめ新興国は、ドルやドルを中心としたバスケット通貨と自国通貨をリンクする実質的な固定相場制をとっている。アメリカや日本のような変動相場制をとっている国はむしろ少ない。変動相場制の時代と思われている通貨システムは、実態としては、複数の通貨システムが混在する国際通貨システムである。

1980年代、アジアは急成長を遂げる。「東アジアの奇跡」と呼ばれ、NIEs（Newly Industrializing Economies 新興工業経済地域：韓国・台湾・香港・シンガポールを指す）からタイへと、次々と急成長を遂げる国が現

れた。そのアジアで、1997年、アジア通貨危機が起きた。震源地はタイであった。この危機は、激烈で波及性が強く短期間に韓国からロシア、そしてアメリカのLTCMの破綻にまで及んだ。

　しかし、アジアの実体経済の中にこの危機の原因を探すのは難しい。現に危機に遭遇した国々は、短期間に経済を回復している。実体経済ではなく、むしろ金融機関のモラルやアジアの国際通貨システムに問題があった。

　特に日本は、プラザ合意以降の円高で、1995年には1ドル＝80円を上回る事態となり、10年で3倍の円高になっていた。アジアの急成長は日本の円高の時期と重なる。また、アメリカの高金利政策が影響して、1995年に1ドル＝80円を超えた円は、一転して1998年には1ドル＝140円を切る。急激な円高から急激な円安への転換である。

　この激変は、変動相場制の問題でもあるが、アメリカ・ドルにリンクしていたタイ・バーツの高騰をまねく。1996年、タイの輸出は大幅に落ち込み、わが国の輸出は伸びる。タイは、1997年にバーツの投げ売りを浴びせられ、アジア通貨危機が勃発する。アメリカと日本の間の変動相場制と、タイとアメリカの間の固定相場制とが共に存在するアジアの国際通貨システムが、原因の一つであったと考えられる。アジア通貨危機からなにを汲み取るかは、なお大きな課題である。

　アジア通貨危機の後に多くの教訓が語られたが、その理想とするところは、欧州単一通貨ユーロであった。ユーロのようなアジア共通通貨や東アジア共同体の可能性が、わが国と中国が主導権争いをする形で論じられた。しかし、今、この議論はない。理想としていたユーロが躓いているからである。ユーロの躓きの中で、アジア諸国は外貨準備を増やし、「自主防衛」に努めている。安定的なアジアの国際通貨システムの構築は、依然としてアジアの重要な課題である。

　国際的な金融危機が長引く中で、金融機関や金融市場に対する規制改革が試みられている。しかし、国際通貨システムそのものの変革は、若干の例外を除いて公的な議論には上っていない。ドルに代わる通貨には現実性がない、というのが最大の理由である。通貨覇権論からしても、

基軸通貨のシニョレッジ（seignorege 貨幣発行益）からしても、アメリカが基軸通貨の特権を手放すことはない、と言うのである。

　不換紙幣は、その性格からして発行量に歯止めをかけるのが難しい。人間の理性には期待しにくい課題である。不換紙幣を国際的な貨幣とする場合は、その貨幣は国際的な信認の上にのみ成り立っている。この点は金とは異なる。不換紙幣の場合は貨幣への信認の崩壊がそのまま国際通貨システムの崩壊につながる。信認の崩壊は、政治的な危機によっても、経済的な危機によっても、さらには自然災害でも、起こり得る。

　国際的通貨システムの動揺を受けて、次の国際通貨として、バンコールや SDR（特別引き出し権）など、さまざまな議論が出始めている。世界中央銀行論やバンコールは、人類の夢ではある。しかし、ユーロの躓きは、この点でもこうした夢の実現が困難であることを物語っている。

　また、この 40 年間、貨幣の座を退いていた金に対して、復活論がやや唐突に沸き上がってきた。これは金をインフレの尺度基準に使用するという、元世界銀行総裁ロバート・ゼーリック（Robert Bruce Zoellick）の『フィナンシャル・タイムズ』紙への寄稿（2010 年 11 月 7 日）による。

　これに 2012 年のアメリカ大統領選挙が重なる。共和党の大統領候補者の中には、金本位制支持者が少なくない。確かに、国際的には、アメリカのドルに代わる基軸通貨は見当たらないというのが一般的な常識である。しかし、アメリカ国内では、アメリカが自ら金本位制に移行しようという運動があり、ロビー活動も行われている。

　アメリカのこの金本位制復活の運動は、宗教的・文化的な色彩が強く、不換紙幣によって堕落したアメリカ経済を、金本位制によって健全で力強いものに回復させようとするものである。金本位制論者は、共和党の大統領候補にも、したがってアメリカ大統領にも選出されなかった。しかし、この手のいわば信念による金本位制論が政治を動かす可能性も否定はできない。

　金貨幣も紙幣も、社会的な形態として貨幣となっている。社会の構成員となっている人々が貨幣として承認することが、貨幣が貨幣となる条件である。信認を失った貨幣は貨幣ではなくなる。この点は、金も紙幣

も広い意味では同様であるが、金には商品として、そしてなによりも資産としての用途がある。金が地位を失う可能性は少ない。

　貨幣が常に社会を悩ませてきたとしても、貨幣に頼る以外に今日の経済システムは機能しない。これまでは、貨幣の象徴化は貨幣の進化として受け止められてきた。金から離れれば離れるほど、人類は賢くなったと思われてきた。現在の経済は、物や数字や名称に社会的な意味を付与することで成り立つ社会である。しかし、今、この「進化」の過程が問われる事態となっている。

第 1 章　貨幣の価値

　価値形態論の視点から、貨幣価値に関する考察を行う。価値形態論は、本来は価値を前提にした価値表現の論理である。しかし、価値の表現は、交換を求めるための形式であり、価格は商品が貨幣に対して交換を求めるための形式である。貨幣は交換を求められることによって、購買力を得る。ここに価値形態論と貨幣価値論の接点がある。

第 1 節　価値表現と貨幣

　商品の価値表現のメカニズムの分析は、アリストテレス（Aristotle, 384-322 BC, [1973]）、テュルゴー（Anne Robert Jacques Turgot, 1727-1781, [1972a, b]）、ベイリー（Samuel Bailey, 1791-1870, [1967]）などによって行われ、マルクス（Karl Marx, 1818-1883）の価値形態論となって結実する[2]。

　マルクスの価値形態論は、価格を商品に内在する価値の現象形態として論じる論理である。しかし、価値の現象は、価値の表現形式であり、価値の表現は、商品交換における交換当事者の行為である。以下の論理は、マルクスの『資本論』（1867, Marx [1971a]）の価値形態論を継承し

---

[2] 価値形態論は、マルクスの独創性が強い理論で、マルクスに先行する研究は少ない。アリストテレス『ニコマコス倫理学』（B.C.350 頃、アリストテレス [1973]）、テュルゴー『富の形成と分配に関する省察』（1766, Turgot [1972a]）および『価値と貨幣』（1769, Turgot [1972b]）、ベイリー『価値の性質、尺度および原因に関する論究』（1825, Bauley [1967]）、などがあげられる。特に、テュルゴーの考察は、本格的な価値表現の発展から貨幣の生成を導いた点で、先駆的な業績と言える（奥山 [1990]、参照）。

ているが、方法的枠組は同じではない[3]。

　物々交換であっても、商品経済的な交換であっても、交換には欲求の対象となる財や商品に所有者がいることが前提となる。路傍の石に対して交換を求めることはない。交換は、自らが財や商品の所有者であり、同時に自分が交換しようと欲する財を持っている人を所有者として認めることが前提となる。共同体と共同体との間の交換であっても、共同体相互に所有権を認め合うことが、交換の前提となる。

　交換だけではなく強奪も戦争も、相手に財や商品の所有権を一旦は認めることが前提である。自分の欲しいと思う商品を獲得することが目的となる点では交換と同じだが、強奪や戦争の場合には対価は出さない。交換は、対価を供出する点で、平和的な行為である。そして、相手と自分が平等であると互いに思えることが交換の合意を生む。

　もちろん双方は、有利な交換条件を求めるが、自分にとって有利な交換を実現するための交渉は、その分だけ合意の成立が困難になる。双方が自分の所有する商品よりも多くの効用を得られ、そして、価値としては等価であると認め合うことで交換は成立する。この点では、物々交換でも商品交換でも、双方の当事者の主観においては、「等価性」が原則なのである。価値の内容を問わないとしても、価値としての等価性は交換の基本と言える。

　したがって、商品という対象物の価値とは、交換を可能にする性質であり、お互いに量的に比較できるような性質である。本書では、価値の

---

[3] マルクスの『資本論』の価値形態論は、「第1章 商品」の中に含まれ、商品所有者の交換の行為は、価値形態論の論理の中には基本的に含まれない。これは、「第2章 交換過程」で論じられる。理論形成史に関しては、奥山［1990］、参照。これに対し、宇野弘蔵は、価値形態論の中に商品所有者の交換の動機を含める（宇野弘蔵［1970］、参照）。これによって、価値形態は、価値表現の形態であると同時に、交換の申し出の形式として位置づけられる。宇野の価値形態論では、相対的価値形態に立つ商品の所有者が、等価形態に立つ商品に対して交換を申し込むことで、等価形態に立つ商品に直接的な交換可能性が付与されることになるが、本書では、質的な意味での交換可能性だけではなく、量的な意味での購買力も価値表現による交換の申し出によって付与されると考える。

定義として、量的な基準を持った交換可能性とする。その価値の内実については問わない。この価値としての等価性を踏まえつつ、商品の所有者は、次のような交換のための行動をとる。

　商品を交換しようとする人は、自分の欲する商品に対して、自分の商品はどれだけの価値を持っているかを判断する。価値が生産費によって決まると仮定した場合でも、商品所有者は、相手の商品の生産費を知るすべはない。さらには、自らの商品の生産費も必ずしも正確には分からない。商品所有者は商品の社会的な価値に最終的には規制されるが、個々人は価値に対する主観的な時々の評価によって交換行為を行う。

　商品所有者は、自分の頭の中で価値を比較し評価する。そして、自分が欲しいと思う商品に対して自分の商品のどれだけを提供するかを表明する。価値表現の主観的性格は、商品経済の特徴である。

　コーヒーの所有者がカップを欲しいと思った場合には、カップとコーヒーの価値を頭の中で比較して、カップ1個に相当するコーヒーの量を例えば10gと判断する。これは主観的な判断である。社会的に見て妥当かどうか、この交換比率で交換が成立するかどうかは、最終的には相手の判断であり事前には分からない。価値を表現することはあくまでも交換を求めているだけであり、交換の実現とは異なる。この点で価値形態と物々交換とは異なるのである。

　コーヒーとカップを比較した上で、コーヒーの所有者は、コーヒー10gに「カップ1個」という値札を付ける。コーヒーの所有者は、コーヒー10gの価値は、カップ1個に「値する」、あるいは「等しい」、と表現したのである。これはカップを持っている人なら誰とでもコーヒー1個と交換しますよ、というコーヒー所有者側の一方的な交換意志の表明である。

　この関係を価値と価値形態との関係で整理すると以下のようになる。すなわち、コーヒーの価値そのものは、目に見える客観的な姿を持っていない。コーヒーの所有者がカップという物体でコーヒーの価値を表現することで、コーヒーの価値がカップという具体的な形をとることになる。

価値は商品の中にある社会的な性質であり、誰にも確認することはできない。コーヒーの価値もカップの価値も客観的には誰にも分からない。しかし、コーヒーの所有者は、主観的にカップの価値とコーヒーの価値を比較して、等価であると判断し、コーヒーの価値をカップで表現する。

　この場合、表現素材となっているのは、カップの価値ではない。カップを使用して水やコーヒーを飲むことができるというカップの有用性でもない。物それ自体としてのカップである。コーヒーの価値は、コーヒーが持っている社会的性格であり、目には見えない。しかし、物体としてのカップそのものは、誰の目にも見える。コーヒー所有者がカップで価値を表現することによって、目に見えないコーヒーの社会的な性格である価値が、カップという具体的な姿をとって目に見えるようになるのである。

　この意味で、カップは商品の価値の目に見える形、「価値形態」になっている。カップはコーヒーの価値表現の材料となり、価値の具体的な姿となるのである。価値形態論では、価値を表現する立場にある商品、ここではコーヒーの立場を「相対的価値形態」、価値表現の素材となっている商品、ここではカップの立場を「等価形態」と呼ぶ。相対的価値形態の立場にある商品の所有者が交換を求める立場にあり、カップの所有者は交換を求められる立場にある。

　コーヒーの所有者は、カップの所有者に対して交換を求めているのだから、交換の決定権は喪失する。交換に関しては求められている方が強い立場に立つ。価値という概念は、それぞれの商品が持つ交換可能性である。しかし、コーヒーの所有者が、コーヒーの価値をカップで表現し、カップに対して交換を求めることによって、コーヒーの所有者は交換の決定権を失い、交換の決定権はカップの側に移譲されてしまうのである。

　交換を決めるのはカップの所有者である。カップの所有者は、交換条件さえ折り合えば、いつでもコーヒーを獲得することができる。コーヒーの値札の前をカップの所有者が通りかかったとする。この場合、

カップの所有者に性別や年齢などの条件はない。カップの所有者であれば誰でもよいことになる。交換を求められているのは、カップの所有者であるということだけである。つまり不特定多数のカップ所有者である。

　この点も物々交換とは異なる。物々交換は、相対の取引であり、コーヒーの所有者はコーヒーの価値をカップで表現したり、相手の持っているカップの価値をコーヒーで表現したりする。カップの所有者もこれと同様に、カップの価値をコーヒーで表現したり、相手の持っているコーヒーの価値をコップで表現したりする。話し合って説得して交換条件がまとまればよいのである[4]。

　商品経済的な交換はこれとは違う。カップの所有者は、交換条件に納得できなければ通りすぎてもよいが、交換条件が妥当であると考えるのであれば、いつでもコーヒーと交換することができることになる。

　ここで、カップは萌芽的には貨幣として機能している。コーヒー所有者が交換を望んでいることは、既にカップでコーヒーの価値を表現した時点で明らかになっている。問題はカップの所有者自身の判断だけである。

　したがって、カップによるコーヒーとの交換は、萌芽的には「買う」という行為になる。同時にコーヒーによるカップとの交換は、萌芽的には「売る」という行為になる。コーヒーとカップの間に交換の媒介物として貨幣が登場したわけではない。コーヒー所有者が、カップの所有者に交換を申し込んだために、カップが萌芽的に貨幣の役割を演じるようになったのである。この点は、物々交換の困難を解決するために貨幣が登場したと説く論理と、価値表現によって相手の商品に貨幣の性格を萌芽的に与える価値形態論とは異なる。

　コーヒーのカップでの価値表現、すなわち、コーヒー10gはカップ1

---

[4] この点に関しては、テュルゴー『富の形成と分配に関する省察』(Turgot [1972a]) の価値表現は物々交換の価値表現として論じられているため、こうした論点が含まれている。

個に等しいという表現は、価格の萌芽的な姿である。コーヒー所有者のカップの所有者への交換の申し込みの中に、価格と貨幣との関係が萌芽的に形成されているのである。

　ところで、カップの所有者がコーヒーを欲しがった場合は、コーヒーのカップによる価値表現とは異なる。この二つは全く別の関係である。双方が出会ってお互いの商品を欲するという関係は、交換条件についての話し合いだけが残されている。これは商品経済とは異なる。

　商品経済においては、コーヒーの所有者の価値表現、すなわち交換条件の一方的で主観的な提示に合意するなら、カップの所有者は直ちにコーヒーを獲得することができる。カップの価値をコーヒーで表現する必要はない。

　コーヒーを欲しいと思い、交換比率の提示に合意できるなら、「直ちに」コーヒーを獲得できるのである。この「直ちに」獲得できる関係を、価値形態論においては「直接的交換可能性」と呼ぶ。

　物々交換においては、交渉において交換比率が決まるが、価値表現はどのように行われるかは不確定である。交渉のプロセスで、双方が自分の商品の価値を相手の商品で表現したり、相手の商品の価値を自分の商品で表現したりすることも可能である。

　また、物々交換では、双方が共通にその価値を認識している第三の商品と比較し、自分の価値表現の正当性を互いに主張してもよい。この第三の商品は、購買手段・交換手段ではないが、物々交換を行うそれぞれの所有者の頭の中にだけ存在し、貨幣の機能のうちの共通の価値尺度として機能する。第三の商品はその場には存在する必要はないが、それぞれの財の所有者にはよく知られていることが必要である。

　この形式の物々交換は、双方が第三の商品で価値表現している限りでは、商品経済的な交換である。ただし、第三の商品に対して交換を求めているわけではないので、第三の商品は、直接的な交換可能性を持つことはない。購買手段としての貨幣とはならないのである[5]。

第 2 節　金貨幣

　コーヒーの所有者がカップを欲しがっている形態を、価値形態論では簡単な価値形態と言う。人間の欲望は多様なので、コーヒーの所有者の欲望も多様である。コーヒーを大量に持つコーヒー所有者は、カップ以外の商品に次々と価値表現の形式をとって交換を求める。一日分を集計すれば、一日に必要な日用品を中心に、奢侈品など、さまざまな商品に交換を求める。交換を求めるのはコーヒーの所有者だけではない。カップの所有者も交換を求める。すべての商品所有者は、自分の欲する商品に交換を求める。これを価値形態論では、拡大された価値形態と呼ぶ。

　拡大された価値形態は、すべての種類の商品所有者に当てはまるというよりも、すべての商品所有者それぞれに当てはまる。コーヒー所有者がコーヒーを所有しているというだけで、全員が同じ欲求を持つと考えるのは不自然である。確かに、生産者としては同じような生産要素に対して交換を求めるかもしれないが、消費者として同じ欲望を持つことはあり得ない。拡大された価値形態は、商品所有者個々人の交換要求を表わす形態であり、個々人それぞれに違っている。それは、社会のすべてのメンバーがそれぞれに作り出す価値形態である。

　コーヒーの所有者Aは、自分の欲する多くの商品に交換を求める。交換を求めるということは、欲求の対象となる商品に所有者の存在を認め、相手の所有物に対して、こちらが対価を要求しなければ交換できないような価値存在を認めることを意味する。このような関係が、すべての商品所有者によって展開されれば、価値と価値との関係が広く展開され、拡大された価値形態が織りなす商品社会が形成される。簡単な価値形態は、実際にはこの構成要素の一つであると考えるべきであろう。

---

5) ジェームズ・ステュアートの『経済学原理』第3編で説かれている観念的な価値尺度としての原始貨幣マキュートはこれに当たる。ステュアートの不変尺度論である「観念的度量単位説」と呼ばれる貨幣論の原型となっている貨幣である（奥山［2004］、参照）。また、このステュアートの原始貨幣マキュートは、モンテスキューの『法の精神』を受けたものである（Montesquieu［1900］）。

価値形態論では、簡単な価値形態から拡大された価値形態への展開を、しばしば交換の発達史になぞらえるが、本書ではこうした見解はとらない。拡大された価値形態が互いに交錯する世界は、思考実験的に想定された状態であり、歴史的に過去に戻るというのではない。価格と貨幣の本質を考察するための理論的想定である。

　この拡大された価値形態の交錯する中で、多くの人に共通に欲せられる商品が現れてくる。多くの拡大された価値形態の等価形態に共通に立たされる商品が登場するのである。

　それは、どのような商品か。パン、米、塩なども多くの人々の欲望の対象となる。多くの商品の所有者の欲望の対象となる商品は、その商品を持っていれば、多くの商品と直接に交換できる。その商品がパンであるとすると、パンを食べない人であっても、一旦パンと交換し、それから本来自分の欲する商品と交換するようになる。

　「多くの」人に欲せられる商品が、広く交換の媒介物として使用できるという利点のゆえに、「すべての」商品所有者に欲せられるようになる。この場合には、パンが貨幣となる。すべての人は、パンを欲しい人も欲しくない人も、まずパンに対して交換を求め、パンを獲得してから自分の欲しい商品を「パン貨幣」で購入する。

　価値表現の視点から見ると、すべての商品所有者が自分の所有する商品の価値をパンで表現する。パンの塊そのものが価値表現の素材となり、パンで価値を表現した商品の価値の現実的な姿となる。パンがすべての商品の一般的な価値形態となる。

　しかし、現実には、そして歴史的には、多くの時代と地域で金や銀が貨幣となってきた。理論的には、すべての商品が貨幣となる可能性を持つが、現実には特定の限られた商品だけが貨幣となってきた。

　経済学では、一般的な受容性を持つ特定の商品が貨幣になると説明されることが多い。しかし、日用品であるパンと奢侈財である金や銀との差は大きい。金や銀は日々必要になる商品ではない。

　貨幣生成論においては、金とパンとのギャップを埋める理論は、明確ではない。事実、金以外でも、貝殻、家畜、石、煙草、布など多くの商

品が貨幣として用いられていた。多くの人がショウガを欲すれば、すべての人が一旦ショウガを求め、ショウガによって自分の欲する商品を購入する。理論的な説明としては、一般的に使用される日用品の中から貨幣が選ばれ、それが後に貨幣としての適格性から金や銀にとって代わられた、と説かれることが多い。

　貨幣としての金や銀と、パンやショウガとの違いを説明するものは、なによりも保存性である。漁師が1回の漁で大量の鮮魚を得たとする。あるいは、農家が大量の野菜を収穫したとする。生鮮食料品は鮮度が重要である。そして、この場合の所有者の動機は、なによりも価値の保存である。自分の収穫した魚や野菜を、一旦その価値を保存できる商品と交換して、それから徐々に自分の欲しいものと交換するのである。月給をミカンでもらったと想定しても同じである。30万円分のミカンは1ヶ月では処理できない。

　貨幣を交換手段としてのみ考えれば、本当はパンが一般的受容性の観点から見て貨幣となり、その後にパンよりも金の方が保存性に優れ、また均質性、持ち運びの便利さ、分割合成の可能性など、その他の条件でも貨幣に適しているので、貨幣はパンから金へと入れ替わったと考えることが可能である。

　しかし、はじめから自分が生産によって獲得した商品が保存性に欠けていた場合には、保存性のある商品との交換は商品所有者の最優先課題となる。そうであるとすれば、一般的にも、個々人は消費のために自分の欲する商品を提供して、自分の欲する商品に交換を求めるだけでなく、自ら所有する商品の価値を保存するために、保存に適した商品との交換を欲する。

　簡単な価値形態においても、価値の保存のための交換は含まれている、と考えられるべきである。また、拡大された価値形態の中に、価値保存の交換要求が含まれないということは特殊なケースであり、むしろ不自然である。保存のための交換は、消費のための交換とならんで重要な交換動機であり、拡大された価値形態の重要な構成要素の一つとなると考えられるべきである。

すべての人が、多かれ少なかれ、価値保存の必要性に迫られるので、素材的に保存のきく金や銀は、多くの人に望まれる。特に、保存した後での交換の利便性を考えれば、金や銀の利便性は卓越している。分割によって使用価値そのものがなくなる陶器のようなものは不便である。これに対し、金や銀は価値を保存し、その後に購買手段として使用するという点で、もっとも優れているのである。

　貨幣は、理論的にはどの商品もなることができるので、貨幣は本来金銀であるとは言えないが、金銀が生まれながらにして貨幣であった、と言うことは可能である。すべての商品は、金で価値を表現する。これを価格と言う。金はすべての商品に交換を求められているがために、すべての商品と「直接」的に交換可能である。すなわち、一般的な購買力を付与される。これを貨幣と言う。

　人々が金を求める理由は、装飾や工業用として使用するための商品としての金であり、同時に貨幣としての金である。貨幣としての金は、自分の所有する商品の価値の保蔵のためであり、一旦金の形で保蔵して、後に貨幣として購買に使用するか、場合によってはそのまま富として蓄積し、自己満足するためでもある。

　富という観点からすれば、歴史的には金銀は財宝として一般的に認められた財であり、財宝の中ではもっとも貨幣としての適格性を持つ素材であった。

第３節　金貨幣の価値尺度

　物としての金が価値表現の材料になる以上、その単位は物としての金の重量である。グラムとかオンスの単位で呼ばれ、ポンドも本来は重量の単位である。金の重量と価格の単位とは密接な関係を持っているのである。

　金貨幣が価値尺度機能を果たすのは、金それ自身が商品としての価値を持っていることが前提となる。価値は、１個、２個と数えることのできない連続した性格だが、交換の場では、こうした性格は、むしろ不便

である。交換において計測しやすいように、一定の単位ごとの貨幣が作られることになる。金貨幣は、一般には鋳貨の形をとるのである。これによって、鋳貨を個数で数えることができるようになる。1つ、2つと数えられることが、計算上便利なのである。鋳貨の個数性は交換媒介物にとって不可欠である。

鋳貨によって、金貨幣は、金の含有量つまり品質と重量を保証される。このため、鋳貨は信用のおける機関が責任を持って製造することになる。法にもとづいて国家や中央銀行が発行するのが一般的である。この時、鋳貨にはそれぞれの発行主体によって名前が付される。ポンド、ドル、円などの名称である。そして、貨幣が価値尺度機能を果たす時は、この名称が使用されることになる。わが国で金本位制が採用された貨幣法（1897）では、1円＝0.75gの金であった。

しかし、金本位制である限りは、円は金と兌換できるということを前提に、円貨幣が価値尺度機能を果たしている。金による裏づけのある貨幣である。商品に価格をつける場合には、円の背後にある金の価値を前提に価格をつけるのである。現実的な価格の単位は円だが、この円が金と兌換される関係にあり、その金が商品としての価値を持っていることが、金貨幣の価値尺度機能を支えている。

金貨幣の価値は、金が商品として価値を持っていることが前提であった。金の価値と自分の持っている商品の価値を比較して、シャツ1枚＝金0.75gなどの価格をつけるのである。金0.75グラム＝1円なら、シャツ1枚＝1円になる。貨幣が価値尺度機能を果たすと言う場合、価値尺度の定義が、必ずしも明確ではない。ほとんどの経済学の教科書は、価格の表現手段となることを価値尺度機能と説明している。円という貨幣単位がなければ、アイスクリーム1個＝100円とは言えないので、値段をつけるためには、貨幣の存在は不可欠である。

現在の円は、鋳貨か紙幣か電子マネーである。それ自体は無価値なものである。シャツに2000円の値段がついていたとしても、千円札2枚で、なぜシャツが買えるのかは不明である。

しかし、金や銀（以下、貴金属貨幣は金とする）は、それ自体が商品で

あり、商品としての価値を持っている。金が貨幣である場合、シャツの所有者は、金1gの価値とシャツ1枚の価値が等しいと頭の中で一方的に判断して、シャツ1枚＝1gの金、と表現するのである。金貨幣の場合には、シャツ所有者の頭の中では、シャツと金の価値が等価であることが、価値表現の前提となる。もちろん、先に述べたようにあくまでも主観的な評価である。しかし、価値があるということを前提にその価値を主観的評価しているのである。

すべての商品が金でその価値が表現される。すなわち、金の重量が価格の単位として用いられていることになる。この関係を貨幣の側から見ると、貨幣は商品に対して、金という価値表現の素材を提供していることになる。このように、商品の価値表現を貨幣の側から見ると、商品の価値表現に素材を提供する機能となり、これを貨幣の価値尺度機能と呼ぶ。

金の価値は人の目には見えない。金価値が生産費によって規制されているとすれば、豊かな金鉱山の発見や製錬技術の進歩は金の価値に影響する。しかし、そうした影響は、金と他の一般商品の交換比率の変化に現れる。

しかし、商品の所有者も金の所有者も、交換の場にいる人々はこうした変化を直接に知ることはできない。実体的な価値の調整プロセスは重要であるが、貨幣の価値は実体的な価値どおりであっても、それから乖離していても、直接的には関係はない。

商品所有者は、金に対する主観的な価値評価にもとづいて、自分の商品の価値を金で表現する。金価格をつけることで、金の一般的な購買力を決めることになる。価値が生産費で決まっていると仮定する。また、商品所有者の主観的な判断が、たんなる勘違いや需給関係のズレによって、商品の生産費と金の生産費との間に、第三者の目から見て乖離が生じたと仮定する。この場合に、商品の価値は客観的には商品の生産費であるが、貨幣の価値は金の生産費ではなく、商品所有者が主観的に判断した金の生産費である。

これが客観的な第三者の目から見た金の生産費である必要はない。貨

幣の価値とは、商品に対する購買力であり、これは商品所有者の金に対する評価によって決まるからである。貨幣に関しては、「価値」と「価格」の区別はないのである。

　もちろん、こうした客観的な目から見たズレは、商品としての金に関する需給関係の調整によって元に戻る傾向がある。しかし、その調整のプロセスも含めて、貨幣の価値は、金であっても、商品所有者の金での価値表現によって創り出されているのである。貨幣商品である金には価値と価格のズレはないのである。

　そして、金貨幣の場合には商品としての金の調整作用によって、一般商品との関係も、金が商品であるということで通常は均衡を維持し、乖離した場合にも復帰する傾向を持つ。

　金貨幣の価値は、商品所有者の評価によって決まるが、その評価自体が商品としての金の存在を前提にしている。金貨幣の価値尺度は、この二つの意味を持っている。一般商品の金での価値表現が金貨幣の一般的購買力を直接的に決定するが、しかし、その背後にある商品と金との価値関係が、金貨幣の価値尺度機能を支えているのである。

　1枚のシャツに1gの金という価格がついているならば、1gの金は、シャツと交換できる性質を持つだけでなく、1枚のシャツという量的な購買力も獲得したのである。価格をつけるという行為が、貨幣に価値を付与している行為なのである。

　現在の貨幣は不換紙幣であり、金との兌換は保証されていない。しかし、この不換紙幣を用いて商品所有者は、自分が持つ商品の価値を表現している。すべての商品所有者が同様の行為を行うことで、結果として、紙という無価値な素材が、質的にも量的にも一般的な購買力を獲得する。日々の格づけの行為が貨幣の購買力を支えているのである。

　しかし、金貨幣の価値が、金商品の価値を前提に、一般商品の所有者が貨幣としての価値を作り出したとすれば、不換紙幣の価値は、全く何も前提とすることなく、一般商品の所有者が不換紙幣の価値を日々作り出していることになる。

第 4 節　不換紙幣の価値尺度

　現在の貨幣は完全な不換紙幣である。不換紙幣という無価値な素材に対して購買力を認める理由は、素材的には無価値な紙幣によって他の商品の一定量を購買することができるからである。他の商品に対する不換紙幣の購買力が前提となって、自分の商品に対する購買力を付与するのである。この点で、不換紙幣の価値は、商品所有者の価格づけという共同行為によって成立している社会的幻想、いわば共同幻想である。

　不換紙幣はそれ自身価値としての基準を持たないので、アイスクリームの値段が 100 円であろうが、1 万円であろうが問題はない。社会がこれを基準として受け止めれば、貨幣の購買力がそこで決定する。商品所有者の全員が 100 倍の価格をつければ、1 万円が以前の 100 円の購買力と同じになるだけである。100 と 10000 の間には 100 倍の違いがあるが、この違いは価格の単位の問題であり、価値尺度とは関係はない。

　金貨幣の場合には、金の価値と他の商品との価値関係があるため、他の商品が一斉に金貨幣の価値を 100 分の 1 にしたり 100 倍にしたりすることはできない。金貨幣による購買が一般商品の価値を規制しているからである。

　金貨幣の場合、新しい豊富な鉱山が発見されて金の生産費が安くなったり、金の採掘が進むにつれて生産が困難になり、金の生産費が上がったりすれば、商品の価格は全体として変化する。これは価値基準そのものの変更である。

　また、景気の好況局面で需要が増加して、物価が上昇したり、逆に不況局面で物価が低迷したりすることもある。こうした状況は、地金と金鋳貨との相互の転換や、産金部門の生産量の変化によって調整される。これは、金の価値を基準とした変動である。金の価値は収斂する方向性を持っている。この点では、古典派の言う自然価格と市場価格の関係が、金貨幣の場合には存在する。自然価格の水準そのものの変更もあるが、これは新しい金鉱の発見や採掘や精錬の技術の向上のケースであり、頻繁には生じない。

不換紙幣の場合には、それ自体に基準がない。商品の一般的な需給関係の変化によって、物価が上がったり下がったりするのか、貨幣価値そのものの変化によるのかは確認できない。1970年と現在とを比べて、消費者物価指数が約3倍になっているが、おそらくは、需要が一般的に3倍になった訳でも、供給が3分の1になった訳でもないと考えられる。

　不換紙幣の場合には、貨幣それ自身の価値はないので、貨幣価値の水準そのものが変動しても、元に戻ることはないし、元に戻る必要もない。元に戻らなくても、商品の相対価格が新しい価値水準に合わせて変更され、その水準で価格関係が安定すれば問題はないことになる。

　不換紙幣は、商品の所有者の価格づけによって購買力を付与され、価値を与えられるが、その価値は、貨幣価値の変動が収斂するような均衡的な価値を持っていないのである。物価は限りなく上がることもあれば、限りなく下がることもある。不換紙幣それ自身には、物価を安定させる機能はないことになる。

　この点では、不換紙幣の価値尺度機能は限定されている。商品に価格をつける際の価値表現の素材となる機能は果たしているが、この場合の素材は、紙ではなく、円やドルといった貨幣名と、百や1万といった数字になる。貨幣名と数字に購買力を与えて、貨幣として使用しているのであり、その価値は商品所有者が作り出した社会的幻想である。

　デフレーションによって貨幣の一般的な購買力が増加したり、インフレーションによって貨幣の購買力が低下したりすることはあるが、それが需給関係の変化を反映したものか、社会全体の貨幣に対する評価自体が変動して貨幣の価値水準が変化したものなのかは、不換紙幣の場合には確認する方法がない。

　この価値水準自体の変更は、商品交換そのものには大きな影響はもたらさないが、富としての貨幣の性質は大きく失われる。40年間で価値が3分の1になったのでは、富として保蔵しておく意味はない。また、債権債務関係にも影響する。デフレーションによる貨幣価値の上昇は、債権者に有利であり、債務者に不利である。また、インフレーションに

よる貨幣価値の低下は、債権者に不利で債務者に有利である。したがって、貨幣の価値という点では、不換紙幣はその性格からして、安定性、保存性の問題を抱えている。

　金の場合には、理論的には、金の自由鋳造制度や海外への移動の自由、さらには産金部門を想定することによって、金貨幣の価値が元に戻る傾向を示すことができる。しかし、不換紙幣には基準となる価値がないのである。

　不換紙幣は、基本的には物価の安定の機能は持ち合わせていない、と言うことになる。不換紙幣の管理には、その量的な制限をどのように設けるかが重要な問題となるのである。しかし、量による価値のコントロールが効かなくなれば、社会的幻想としての不換紙幣による価値関係は崩壊する。不換紙幣の価値は、貨幣量に比例して価値をコントロールできると考えられてきたが、現在はそのような状況ではない。

第2章　貨幣の変容

第1節　貨幣と社会

　貨幣の中にどっぷりとつかった生活から、貨幣のない生活を想像することは難しい。貨幣は、人類史とともに古いとも言われる。とはいえ、逆に貨幣が人間の共同体の中に浸透することは困難であったとも言われる。

　この問題へのアプローチの一つは、貨幣の起源をどこに求めるかにある。ほとんど考古学に属するこの問題については、歴史を遡ることは、必ずしも真相に迫ることにはならない。貨幣はどこで発生したか。貨幣と人間社会との親和性についての問題を考察する。

　この問題に関する回答は、多くの場合、物々交換の不便を解決するものとして貨幣を導くものである。これが日常感覚にもっとも近い貨幣生成論である。経済学の教科書にも、通常はこのような説明が付されている。そして、交換の前提に分業を想定すると、貨幣には独特の性格が付与される。分業があれば交換が必要であり、「相互需要の不一致」とか「二重の偶然」と言われる交換の不便を解決するためには、誰にでも受け取られ、一般的に受容される商品が登場しなければならない。これが貨幣である、という説明である。

　この典型は、アダム・スミス（Adam Smith, 1723-1790）の『国富論』「第4章　貨幣の起源と使用について」（1776, Smith [1981]）で描かれる貨幣導出の論理である[6]。スミスのあげる交換の事例は、肉屋とパン屋との交換であり、共同体内部の交換である。アダム・スミスは「第2章　分業を生む原理について」の中で、奇妙な説明をしている。人間にとっての交換という行為は、「交換性向」という人間の性格にもとづくもので

あり、これは人間の英知ではなく、人間の本性である、と説いている[7]。

　通常の理解からすれば、分業は人類の英知の産物と考えられるが、スミスは利己心や欲望を経済学の起点に置いたのと同じように、交換を人間の本性として肯定する。これによって自由主義の経済学体系の正当性を主張しようとしたものと考えられる。

　分業論の中で、交換を人間本来の性格として説くことで、交換も分業も人間社会にとって本来的なものであり、切り離すことはできないものになる。このスミス的な理解が、貨幣に関する一般的な理解の仕方である。分業はどの社会にも存在するので、交換もどの社会にも存在する。そこでわれわれは、未来永劫貨幣から離れることはできないという理解である。

　「分業─貨幣」論とも呼ぶべきこうした見解は、今日でも通説であろう。実際、こうした理解は動かし難いもののように思える。事実、われわれは貨幣なしには一日たりとも生活することはできない。

　これとは逆に、貨幣経済の浸透に対する拒絶反応は、アリストテレスの『政治学』(BC350頃、Aristotle [1969]) に見られる。なによりもアリストテレスは、交換が家族のような共同体の中からは生じないことを指摘する。奴隷も含む大家族主義をベースとするギリシャの大家族の中には、分業はあるが交換はなく、大家族的共同体のルールによって、生産物は社会の構成員に分配されていたものと思われる。現代に残された共同体であるわれわれの核家族の中にも、交換や貨幣は通常は入り込ま

---

6)『国富論』「第4章 貨幣の起源と使用について」において、スミスは、貨幣の起源を交換手段として解き明かしているが、その意味はいつでも他の物と交換できるだけではなく、一旦手元に置いておくという機能を持ったものとして貨幣を説いている。交換手段としての貨幣は、一時的な価値の保蔵手段としての機能も持っている。ただし、スミスの場合、この機能は、富としての機能ではない。
7) スミスは、人間の本来の才能の差は小さいが、特定の職業に従事することによって能力の差が生じると考える。ハリス (Joseph Harris, 1702-1764) もスミスに先んじて分業の効果を説く。ハリスの場合は、人間はそれぞれ職業に適した才能を与えられていると考える (*An Essay Upon Money and Coin*, 1757-58, Harris [2012])。

い。

　交換は、家族的共同体の内部ではなく、家族共同体と家族共同体との接触によって始まる。そして、貨幣は拡大された共同体、すなわち国と国のような共同体の接触するところで、持ち運びに容易な媒介物として必要になる。分業はどこにでもあるが、交換は家族共同体の間で生じ、貨幣は国と国の間で発生する。共同体と共同体の間では、共同体の中の内部的なルールは通用しない。戦争か交換か、欲しいものを得る手段は限られている。平和時には、交換が一般的な方法ということになる。

　共同体と共同体との間の交換において発生する貨幣が、交換手段なのか決済（支払）手段なのかは確定できない。ジョン・ローは、貨幣の起源は共同体間の差額決済のための支払手段と考える[8]。貨幣の発生を共同体の外部に求めるなら、支払手段説は十分に説得力を持つ。

　しかし、支払手段は同時に交換手段でもある。共同体が複数交換関係を結べば、支払手段と交換手段は一つになる。その場合、共同体の果てるところまでの距離を持ち運べる材質が貨幣となる。アリストテレスは、持ち運びの便利さを貨幣の素材的要因として重視する。アリストテレスの『政治学』にとっては、以上の意味で、貨幣の本質は交換手段であった。

　アリストテレスにとって、交換手段を貨幣の本質とみなすことで、貨幣を増殖の手段として使用することは認めがたいものとなる。貨幣を資本として使用すれば、100万円を投下して120万円を得ることは可能となる。これが交換手段としての貨幣の本質からして許せないのである。

　商人は、共同体と共同体の間でも活動するが、商品経済が共同体の内部に浸透するのにともなって、共同体の内部にも活動を広げる。このことが共同体の体質を変える。人々は多かれ少なかれ、商人的な性格を帯

8）ローの貨幣論は、ロー自身が信用貨幣の過剰発行によるバブルの責任を問われていることもあり、金属貨幣を貨幣の本質とする商品＝貨幣説と対立する貨幣＝契約説とみなされている。しかし、これは為政者としてのローの政策であり、ロー自身の貨幣論とは異なる（*Considérations sur le numéraire et le commerce*, 1705, *Money and Trade*, Law［2010］）。

びるようになり、正義よりも利益を重んじるようになる。アリストテレスは、商品経済そのものよりも、商品経済が共同体に浸透することで共同体の倫理が崩壊することに苛立っていたのかもしれない。

そして、商人以上に金貸しは憎しみの対象となる。人々は、金貸しは何もしないで利子を取得すると思う。貨幣の本質が交換手段であるならば、利子の取得はまさに憎悪の対象となる。アリストテレスに限らず、利子取得者が善く描かれることはあまりない。

アリストテレスの貨幣に対する感覚は、貨幣を共同体に対して異質なもの、本来的ではないもの、として受け止めるものである。交換手段としてまでは許容できるが、それ以上の使用法は許容できないのである。金や銀は、富の象徴であると同時に、その使用法によっては反社会的な存在として描かれている。金や銀は二つの顔を持っていたのかもしれない。

スミスによれば、多くの人に受容される商品が貨幣となる。アリストテレスによれば、共同体の間の交換をつなぐものが貨幣となる。貨幣が貨幣として存在するためには、交換に関わる人々の合意が必要であった。理論的には、すべての商品が貨幣となることができるが、現実的に貨幣となる商品は、社会の重要な使命を背負わされているのである。金と銀とは、どのような意味で商品経済社会の合意を得てきたのであろうか。

第2節　貨幣としての金

原始貨幣としては、石、貝殻、家畜など、さまざまなものが使われていた。交換の発達によって、一つあるいは少数の商品が貨幣として使用されるようになった。

貨幣としての利便性とは、貨幣の機能を果たす上での利便性である。現在の貨幣は、価値尺度、交換手段、価値保蔵手段として使用される。

価値尺度としての貨幣は、その素材が均質であることが要求される。この点では、米や羊よりも金の方が明らかに優れている。厳密に均質な

素材であってはじめて価値の計測が可能となり、尺度財となる。

　交換の道具としては、なによりも持ち運びの便利さが重要となる。嵩張るものや重すぎるものは交換の道具とはならない。金には、小さな体積の中に大きな価値が詰まっている。価値の比重という用語があるとすれば、金は価値の比重が大きい。耐久性があるので、持ち運びによって変質することはない。

　価値保蔵手段としての金や銀は卓越している。金は腐食しない。銀もほとんど腐食しない。金は一般商品と同様に、金歯や工業品などに使用されるが、さまざまな装飾品にも使用される。しかも装飾品としての使用は、価値の保蔵としての意味も兼ね備えており、延べ棒として保有されることもある。金はその素材が不滅であるために、現在使用されている金歯が、5000年前にエジプトで使用された金の可能性もある。

　石や貝殻や家畜は、しばしば貨幣として使用されてきた。貝殻は装飾品として優れており、軽くて運搬も容易である。なによりも石も貝殻も、個数性がある。すなわち1個、2個・・・と数えることができる。数え易いという意味で計算に便利である。これらは一定の耐久性もあり、価値保蔵手段として機能することができる。家畜もまた貨幣性を備えている。一定期間は生存するので、この意味で耐久性があり、自ら歩くことができるので、この意味で運搬が可能である。しかし、石も貝殻も家畜も、貨幣素材としては限界がある。

　これらの貨幣は均質性に欠け尺度財として不便である。また、価値の厳密な保存性・継続性が求められる場合には、その素材は必ずしも貨幣としての適格性は持たない。価値保蔵手段としての限界である。このことは、交換手段としての適格性にも問題があることを意味する。

　とはいえ、共同体の中でこれらの素材が観念的な価値の単位として一般的に認められている場合は、品質に多少の違いがあっても、共同体の合意を前提に、尺度財として利用され、交換手段としてこれを受け取られるものと考えられる。おそらくは、価値尺度や交換手段としては素材の個数が問題で、品質の差は大目に見るという慣習が、これらの貨幣性を保証していたものと考えられる。

別の見方をすれば、貨幣の実体から乖離した観念的な性格は、既に原始貨幣の中に見ることができる。価値保蔵手段としての限界は言うまでもない。石や貝は破損を免れないし、家畜は一定期間で老いて死ぬ。貨幣としての家畜の価値は、年数とともに減価していったのであろう。

　金や銀は、こうした貨幣としての素材の適格性を兼ね備えている。純度が一定なら金はどこでも比較可能である。完全な均質性が保たれているからである。また、金は分割と合成が可能である。鋳貨から地金に、地金から鋳貨に、商品としての金から貨幣としての金に変換することができる。この分割と合成の可能性は、金の価値をその量に比例したものにする。また、鋳貨としての金と地金としての金との間を行き来することによって、貨幣としての金の量の調整が可能となる。

　ダイヤモンドをはじめ宝石の多くは、分割したら元に戻すことはできない。こうした宝石は、その量や体積と価値とが比例しないのである。宝石を二つに分割すれば、一般には価値は2分の1よりもはるかに小さくなるのである。ダイヤモンドの価値がカラットに比例しないということは、ダイヤモンドは価値尺度に適さないことを意味する。また大きさと価値が比例しない以上、交換手段として用いることも不便である。価値保蔵手段として適切で、多くの人に望まれたとしても、貨幣とはなり得ないのである。

　先に指摘したように、金や銀は、均質性、分割と合成の可能性によって、価値尺度機能と交換手段機能に適合し、小さな体積で大きな価値を持つことで運搬性に優れ、交換手段に適している。

　しかし、金や銀の特徴は、貨幣の機能に対する適格性を超えたところにある。その素材の美しさと不滅性である。素材としての不滅性は、優れた価値保存機能を意味するし、金の保存性と美しさは、財宝としての金の価値を高める。金は貨幣でなくても財宝としての価値を持つのである。

　金の美しさと不滅性は、金を財宝の象徴的存在としている。財宝の用途は鑑賞と価値の保蔵にある。財宝がすべて貨幣となるものではないが、財宝としての価値が広く認識されていることは、金の持つ均質性と

相俟って、金を正確な価値尺度財にする。

　金は、太古から貨幣として使用されてきたが、生活必需品ではない。したがって多くの人が金を欲しいとは思っても、現実的な交換の場で金を獲得することはない。現実的には交換に登場しない商品である金が、全面的な市場性を獲得して貨幣となる経緯は謎である。

　しかし、交換が共同体の内部からは発生せず、かつ余剰の交換から行われるとすれば、交換財は、日用品よりも奢侈品が対象となる。交易が経済を活性化させるのは、強く欲望を刺激する奢侈的な財の獲得が目標となるからである。財宝は、欲望を刺激する対象の一つである。

　しかも、金は美しさだけでなく、価値の保存性の点で優れた性質がある。余剰物を価値として保存するという点に関しては、金は最高の素材であった。この点で、金の財宝としての優れた性質が、金を貨幣にしたと言える。保存の効く財への転換は、欲する財の獲得以上に急務である。財宝としての金は、鑑賞の対象となるだけで、鑑賞によって消費はされない。消費過程で金は消滅しない。財として使用しても消耗せず、価値をいつまでも不変のまま保存する。この美しさと不滅性によって、金はいつでも誰にでも受容されるのである。

　銀も同様である。不滅性という点では、銀は金に劣るが、金の価値があまりにも高すぎて、小額の取引には向かないのに対して、銀は金よりも価値は低く、少額取引にはふさわしい。

　確かに、商品交換は、一般的に受容される商品を貨幣として選び出す。この視点からは、米や小麦、塩などの日用品が貨幣となる可能性が高い。日用品に対する欲望は誰もが持っており、これらは常に使用されている。

　しかし、すべての人に共通するのは価値の保存性である。金は、保存性に優れ、装飾品として優れ、したがって代表的な財宝として君臨していた。この財宝としての金や銀の性質の中でも、特に優れているのが保存性であり、均質性、分割合成の可能性、運搬性という性質も貨幣機能に合致している。こうした点で、交換の発達は金を貨幣とした。

　砂金として自然界に存在することは、金を古代からの貨幣とした。銀

は常に精錬を必要とするが、金と同様に貨幣となる。貨幣としての金を考察する場合、富としての金がその前提となっていることを看過してはならない。財宝から貨幣になったのが、金銀貨幣の特徴と言える。同時に財宝、あるいは資産としての社会的な合意が金の貨幣性を支えていたと言える。

第3節 富としての貨幣

　重商主義と古典派との貨幣観の対立は、貨幣を富と見るか道具と見るかの対立であった。この対立は、重商主義が狂気で、古典派が理性的であるかのように見られやすい。しかし、貨幣の増殖は富の増殖であり、これは人間の欲望にもっとも合致した行為である。人間の欲望が自然であるなら、資本主義のシステムはもっとも自然なわかりやすい経済システムと言える[9]。

　これは商品経済、あるいは資本主義の本性である。経済活動の目的は利潤であり、利潤はより多くの貨幣によって体現される。個人がより多くの貨幣を求めることは、その個人が重商主義者なのではなく、商品経済あるいは資本主義経済の下での経済活動の目的である。この狂気こそが資本家の精神でもある。これは、貨幣＝道具説から導かれることではなく、より根源的な欲望にもとづく貨幣の使用である。購買手段としての貨幣は、富の増加のための手段となっているのである。

　この問題を、国家的な視点で考えるとどうなるのであろうか。貨幣数量説が言うように、貨幣の増大は貨幣価値を下げるだけの無意味な行為なのだろうか。確かに重商主義は貨幣を富と考えた。しかし、その主要な論点は、個人と言うよりもむしろ国家にとっての富である。重商主義期の一般的政策と言われる貿易差額主義は、金鉱や銀鉱を持たない国が

---

9) ヒュームが商品経済を「自然の経路」と考えるのは、欲望と合致したシステムであり、労働を喚起するシステムである、という点にある（*Political Discourses*, 1752, Hume [1955]）。

貿易の黒字を大きくして、貿易差額を金銀で国内に流入させるための政策であった。この政策も国力の基準を貨幣量で測ることがその前提である。

　貨幣数量説からすると、国家レベルでの貨幣量の増加は、物価の上昇、すなわちこれと同義語としての貨幣価値の低下をもたらす。したがって、貨幣を国内に呼び込もうとする貿易差額主義は全く無駄な試みであり、意味のない政策と言える。この考えでは、貨幣量が増えても貨幣価値の総計は変わらないことになる。しかし、仮にこの説が正しくて、国家レベルでの貨幣量の上昇が、物価の上昇、すなわち貨幣価値の下落を招いたとしても、本当に国家としては何の問題もないのであろうか。

　実際には、金銀の貨幣量が多い国が非常時には強いのである。重商主義期は戦争の時代であり、戦争は世界市場での人材や物資の調達の手段として、金や銀の貨幣を必要とする。したがって、金や銀の貨幣量の差は、国力の差として表れるのである。戦争で捕虜になった国王を返してもらう時にさえ、金や銀を対価にしていたと言われる。金や銀は、戦争には欠かすことができなかったのである。

　したがって、貨幣は個人的には富であるが、国家にとっては富ではないとか、あるいは、重商主義は合成の誤謬に陥っているという重商主義に対する批判は行き過ぎであろう。金銀が貨幣である限り、そして国家間に非常事態がある限り、富としての金銀貨幣の保有量の差は現実的な意味を持っている。

　この点は、古典的な貨幣数量説の完成者であるヒュームの場合はさらに興味深い。ヒュームは、貨幣を交換の道具とする貨幣＝道具説を明確に打ち出し、貨幣数量説を確立し、国際的な金銀の自動調節機構を唱えていた。この金銀の自動調節機構は、貿易差額主義によって国内に溜め込んだ金銀が、その貨幣価値の低下のために海外に流出して、この政策は何の意味もなくなることを説いている。

　この徹底した重商主義に対する批判者であるヒュームが、非常時に備えて、金銀貨幣を国庫に仕舞い込み、貨幣を貯めて物価を抑制する道を模索したりするのである[10]。こうした行為は、ヒューム自らが作り出し

た貨幣数量説にとってはルール違反である。

　国家的な視点で見れば、金銀貨幣は重商主義期には重要な富だったのである。しかし、この問題は重商主義の問題とは限らない。現代にも通じる理論であり、特に国家的見地から重商主義の考えを否定するのは難しい。

　この問題を、現在の中国の為替政策をめぐる王東氏の論文（王東, [2011]）で見てみる。この論文は、中国の外貨に関する重商主義的見解を明瞭に示している。

　この論文の課題は、中国における外貨準備問題である。本論文は、現在の中国にとって外貨準備は重要であることを訴える。その理由は、なによりもそれは、外貨が金融システムにおける重要な構成要素であり、その目的は通貨金融危機を防ぐための手段である、と言うことにある。アジア通貨危機以降のアジア諸国における外貨準備の増大を代表する見解である。

　そして、本論文は、外貨準備や金融資産の増大は、この間の中国の経済と金融の成長によって生じたものであるとし、外貨準備は国家の経済的な力の反映で、かつ国家の対外的な信用に関わるものである、と説いている。重商主義期に貨幣量が国力の反映であると見られていた考えと共通する。

　しかし、現在、世界は金のような確実な蓄積の対象を持たない。重商主義時代の国際通貨の金とは異なり、貿易差額の結果である外貨や外国債の価値は常に変動する。ホットマネーの流入による市場の過剰流動性、インフレ、資産バブル、金融市場のリスクの増大、人民元の上昇による輸出条件の悪化など、現代の国際通貨システムは、多くの危険を孕んでいる。外貨準備の増大は国力の反映であり、通貨と為替の防衛手段であるが、現在の中国では十分な警戒が必要な状態にある。

10）ヒュームの貨幣数量説は、国際的な金銀の自由移動を前提に成立する。したがって、国家が金を封印することは、本来は、ヒュームの自由主義的な経済政策そのものと矛盾する。しかし、国家的見地からは、彼はこのようなことも示唆したのである（Hume [1955]）。ヒュームの本音と建て前と言えるかもしれない。

金のような絶対的な富ではない富、放置すれば目減りする可能性の高い富、こうしたやっかいな富を、中国は今、大量に抱えている。したがって、大量の外貨は、運用によって更なる資産増加の手段として使用するしかない。運用にはリスクがつきまとうし、現状では、この運用はうまくいっていない。このため論文では、外貨準備にもとづく金融資産の取捨選択、投資の分散化の必要性を説く。そして、収益性が強く安定的な投資などによって外貨準備の運用を図りつつ、かつ人民元の価値が上昇しないようなシステムを構築する必要があることを唱える。

　富としての貨幣が貨幣の重要な存在意義であるとすれば、今はそれがない。時代を越えた価値の絶対的な安定性を保ち、国家を越えた普遍的な受容性を持つものが存在しない。国際的に安定的な貨幣はこの点からも求められている。

第4節　信用貨幣

　これまで、金貨幣の特性について考察してきた。金は優れた貨幣であるが、最大の問題は、金の量には絶対的な制限があるということである。金本位制はさまざまなルールを作ってきたが、完全なシステムにはほど遠いものであった。危機に際して人々が金を求めすぎるのが原因であり、「金の不足」が金本位制の問題点であった。

　そして現在、貨幣は稀な例外を除いて不換紙幣である。紙幣は、銀行券と政府紙幣とに分かれる。いずれも金との兌換が保証されている場合には兌換紙幣、金との兌換が保証されていない場合には不換紙幣と呼ばれる。

　銀行券は発行主体が銀行であり、現在はほとんどの国で中央銀行が独占的に貨幣を発行している。中央銀行券は中央銀行の債務である。本来債務は返還の義務を負うが、現在の中央銀行券には返済の義務はない。債務の定義に反するような特徴を持つが、考え方としては、中央銀行券の所有者に対して中央銀行が債務を負っており、この債務は、中央銀行の資産によって保証されている。

政府紙幣の場合は、国家の債務ではないので、必ずしも資産とバランスしている必要はない。国家権力に対する信認が流通の基礎である。

　西欧社会では、紙幣は信用から生じる。信用においては、国家や共同体の意志を媒介にすることなく、商品経済的なシステムを介して、貨幣が金から離れていく。

　Aが自分の所有する商品aをBに販売する。Bはこれを現金ではなく、手形を振り出すことによって購入する。そしてBは、3ヶ月後に2000万円分の金鋳貨（例えば5kg相当とする）で支払うと約束する。ここで、銀行制度は存在せず、政府紙幣も存在せず、貨幣としては金だけが存在していると仮定する。

　Aは販売者であり、Bが購買者である。この2人の売買関係は、商品の所有権の移転をもって終了する。BはAから引き渡された商品をどのように処分してもよい。Aが商品aをBに引き渡した時点で所有権は移転されており、売買関係は完了する。これはもちろん贈与ではないので、この場合の対価は支払いを約束した手形によって保証される。いわば手形で購買したと考えられる（Mill, J.S. *Principles of political Economy*, 1848, Mill［1965］）。

　このことによって、手形をAに対して振り出したBはAに対する債務者となり、3ヶ月後に2000万円分の金貨を支払うという義務を負う。Aはこの手形を保有することで、3ヶ月後にBに対して2000万円分の金貨幣の引渡しを請求する権利を持つ。販売者としてのAは債権者に、購買者としてのBは債務者になる。AとBの売買関係は、債権債務関係に変化したのである。

　Bは、3ヶ月後にAに2000万円の金貨幣を支払う。この時の貨幣は、購買手段として機能したわけではない。金貨幣に含まれている価値の所有権がBからAに移ったのである。この時の貨幣の機能を支払手段機能という。この2000万円の金貨幣のBからAへの移転によって、AとBの債権債務関係は終了する。

　ところでBは、現金を用いずに信用でAの商品aを購買するのだから、一般的には、利子に見合った金額を上乗せして支払う。元金2000

万円ではなく、利子部分の例えば２万円も支払う。しかし、この利子部分の問題は、ここでは言及しない。

　これは売買関係の完成ではない。売買関係は所有権の移転をもって完全に終了しており、債権債務関係が残されていたのである。そして貨幣が支払手段として使用されることによって、この債権債務関係が終了したのである。

　他方、Ａが手形を受けとって商品を渡すのは、Ｂが必ず３ヶ月後に2000万円の金貨幣を支払うという支払能力に対する信用にもとづいている。この契約の不履行は、もちろんあり得る。個別的にも支払不能は生じる。特に恐慌期には、社会的に連鎖的な支払不能状況が生じる。

　支払手段としての貨幣機能は、貨幣の進化した姿であると同時に、そのシステム自体は、より多くのリスクを含んだものである。しかし、通常の状態では、手元に現金を必要とせずに購買できる信用のシステムは、経済活動にとっての効率的なシステムであり、企業経営上の支払いは、多くがこの企業間信用による。

　この支払手段機能において、貨幣は価格の形成には参加していない。商品所有者の需要を体現してはいない。支払手段としての貨幣はたんなる価値の移転である。この点では、購買手段機能を支払手段機能に含めて、一括して「支払手段」と呼ぶ貨幣機能の分類は、厳密さに欠ける。

　ここで、貨幣が支払手段機能を果たすためには、Ｂの手元で貨幣は一定額、この場合は2000万円分まで、金貨幣で蓄蔵される必要がある。少しずつ流通から引き上げられて、2000万円という一定額に達した時に、貨幣はＢのＡに対する支払手段として機能することができるようになるのである。

　したがって、支払手段として機能する前提として、貨幣は蓄蔵可能なものでなければならない。生産食料品は、蓄蔵の対象とはならないのである。金は、蓄蔵の対象としてもっとも優れた素材である。

　貨幣の購買手段機能が手形によって代替され、金貨幣の蓄蔵手段機能が前提となって、貨幣は支払手段として機能するのである。この点で、支払手段としての貨幣機能は、貨幣機能の中では高次の機能と言える。

また、手形は、3ヶ月後に支払いを約束された証書である。このことから、Bの手形を受け取ったAは、Bの振り出した手形を使って、Cから商品を買うことができる。手形のいわゆる裏書によって、手形は貨幣のように転々と流通する。その範囲は、会社間の取引が関連する範囲内である。

　裏書による手形の流通は、手形が貨幣と同じように購買手段として機能することを意味している。しかし、その根拠は、最終的には、Bが支払手段としての2000万円の金貨幣を蓄積し、これを支払手段として使用するという信頼関係にもとづいている。しかも、手形は、二つの企業間の信頼ではなく、多くの関連企業間の信頼関係の中で、転々と持ち手を換える。あたかも貨幣のように流通するのである。

　この手形が、先ほどの場合には3ヶ月後の支払約束であったように、一般的には期間が限定されている。ところが、期限の切れる3ヶ月以前に現金が必要となる場合には、Aは銀行で手形を割り引く。銀行は、一定の利子相当部分を取得して、手形を割り引く。2000万円の手形に対して、例えば1998万円の銀行券を渡す。

　もともと銀行は、銀行ごとに銀行券を発行していた。この銀行券には手形のような期間の限定はない。銀行券は、本来金との兌換を保証したものであるが、兌換の必要が生じた場合にのみ兌換され、通常銀行券はその銀行を利用する企業や個人の範囲で兌換されることなく流通する。企業の取引は、企業と企業の関わる商品によって限定されるが、銀行の取引はさまざまな業種の企業に及ぶ。企業間取引のような取り扱う商品による制限はない。

　そして、銀行は、手形を割り引くという機能を果たすとともに、複数の企業間の債権債務関係を決済する機能を持つ。ところで、Aが現金ではなく信用でBに販売するということは、AはBからの支払いが行われる3ヶ月の期間、自分の企業の営業を継続するだけの資金を持っていることが前提となる。余剰の資金である。また、企業は新しい投資のための蓄積資金、減価償却費の積立や価格変動のための準備など、当面使用しないさまざまな遊休資金を持っている。これらは通常銀行に預金と

して預けられ、銀行はこれを貸し付けることで、貸付利子と預金利子の差額を基礎に利益を得る。

預金は常に金貨で引き出されるとは限らない。また、銀行が銀行券を発行して手形を買取ったとしても、通常の状態では銀行券の全額を金として準備しておく必要はない。銀行が保有している金の量以上の銀行券が発行され、流通するのである。金兌換を背景に、実際には銀行券が主役となって貨幣として機能するシステムが出来上がるのである。

個々の銀行が発行する銀行券は、一つの銀行に集中されるようになる。発券を集中的に担うのが中央銀行である。中央銀行券は、多かれ少なかれ、国家レベルでの法律によって独占的に銀行券を発行する権利を認められている。しかし、その基礎は企業間の商業信用である。そして、金貨幣による兌換が義務づけられていた。兌換の保証がなければただの紙である。銀行は国家ではなく民間企業である。金が銀行券の信認を最終的に保証していたのである。イングランド銀行も日本銀行も、中央銀行は一般的に民間銀行である。

中央銀行は、銀行に対する「最後の貸し手」としての機能を持つと同時に、各銀行は、中央銀行に口座を持つ。これによって、銀行間の債権債務関係は、中央銀行によって決済されるシステムが出来上がった。金をベースに信用のネットワークが出来上がったのである。

マルクスの『資本論』は、1858年のイギリスの資料を紹介し、企業の保有する準備金の過半は、手形、小切手、銀行券（イングランド銀行・地方銀行）であり、金鋳貨や銀鋳貨は、ほとんど保有されていないことを示している。信用制度が発達した社会では、実際には銀行券が使用され、金貨幣が使用されることは、ほとんどなかったのである（Marx [1971a]）。

しかし、中央銀行券の流通は、中央銀行の金準備に対する信用が得られている限りのことである。資本主義である限り、パニックに耐えられる銀行は存在しないのであり、経済的な危機の時には、人々は金を求め殺到する。これによって信用のシステムはしばしば崩壊する。金から中央銀行券への貨幣の進化は高度な信用システムを作り出すとともに、貨

幣システムとしての危機もまた作り出していたのである。

　現在の信用システムによる貨幣も、それ自体は基本的には同じである。しかし、現代の銀行券は金兌換の義務を負っていない。中央銀行券は、中央銀行にとっての債務であるが、返す必要のない債務である。

　金の場合には、貨幣としての金とは別に、商品としての金が存在し、商品としての金の価値が貨幣の価値を支えていた。しかし、現在の中央銀行券は兌換のシステムを持たない。兌換の保証された中央銀行券は、例え素材が紙であったとしても、金と兌換でき、金がそれ自身価値を持っていることによって、それを代理する紙券が流通することができた。本来の中央銀行券は、金によって流通の根拠を与えられていたのである。

　支払手段としての貨幣は、企業間信用の基礎であり、この商業信用で振り出された手形は、銀行の発行する銀行券による手形割引から、中央銀行による銀行券の発券の集中へとつながるものであった。個別の銀行が発行する銀行券が、兌換に応じる義務があったように、中央銀行の発行する銀行券も兌換に応じる義務があった。金との兌換に応じれば、金本位制である。実際に使用される貨幣が、銀行券という紙幣であったとしても、この銀行券は銀行券を持つ人に対する中央銀行の債務である。貨幣法（1897）では、1円＝0.75g、と決められていた。このルールがあることが信用貨幣の証であった。

　しかし、今、日本銀行券は金との兌換の義務はない。とはいえ、日本銀行券は、日本銀行の債務として扱われている。日本銀行という銀行が発行するものであり、債務として扱われているので、形式的には信用貨幣として認識されるべきものである。次にみる政府紙幣とは異なる。返済の義務のない債務という扱いである。このため、日本銀行券は、国債などの日本銀行が持つ資産を担保として厳格に発行されている。管理通貨制度と呼ばれる通貨発行制度である。

　最近まで日銀ルールと呼ばれていたが、日本銀行券は日本銀行の保有する長期国債と日本銀行券の残高とが見合うように発行されると言われていた。日本銀行券が長期に流通市場を行き来する債務であるなら、日

本銀行の持つ長期国債は債権であり、どちらも根雪のように消えることはない。この意味で日本銀行券の信頼を獲得するにはふさわしい担保となる、と考えられていた。これは日本銀行の部内ルールであったが、現在は取り払われている。

　わが国は、既に約 1000 兆円の国債を発行している。その多くは、民間の金融機関が保有している。そして民間の銀行は、日本銀行に預金口座を持っている。日本銀行は日本銀行券を印刷することなく、政府が発行した膨大な国債をいくらでも買うことができる。民間銀行が日本銀行に持つ口座の預金残高を増やして、政府の発行した国債を日本銀行が入手すればよいのである。

　1000 兆円の国債は、税金で支払うので、確実な債券と言われる。しかし、わが国の税収は 40 数兆円である。まともに返済できるとは考えにくい。日本銀行券発行の担保となる国債自体が、危うい担保と言える。

　現在の中央銀行券は不換紙幣であり、商品の販売者が紙の貨幣を受け取る義務は、紙としての価値ではなく、国家によって強制的な通用力を与えられていることによる。つまり、法律によって規制されて、この銀行券に関して受け取りを拒否できないのである。金は本来商品であり、貨幣でない場合でも価値を持つが、銀行券は貨幣でなくなれば紙になる。紙としての使用価値がなければ、無用の存在となる。

第 5 節　政府紙幣

　政府紙幣は、信用貨幣とは全く別の系譜に属する。政府紙幣は、強力な国家権力の下で発行され、機能したと言われる。政府紙幣には、基本的に担保は不要である。国家に対する信認が貨幣の流通を支えたのである。国家が崩壊すれば、この紙幣はただの紙切れに戻る。金と違って誰も受け取らない。また、外国との関係では、一般的には使用できない。

　政府紙幣は、アメリカの南北戦争期のグリーンバック紙幣、わが国の明治期の太政官札などはあるが、歴史上の経験は多くはない。また紙幣ではないが、現在のわが国の百円玉などの鋳貨は政府発行である。信用

貨幣ではない。

　政府紙幣の流通は国家によって強制されるが、不換紙幣なので、その価値基準は人為的に作り出される。例えば一定の労役に対して国家が一定額の紙幣を支払えば、それが購買力の基準となって政府紙幣が流通する。ただし、強力な国家であることが条件であり、中国でも元の時代の政府紙幣以外は基本的にはあまり成功しなかったと言われる。

　ヨーロッパでは、信用貨幣が貨幣システムの前提であり、銀行券はストックフォルム銀行の銀行券（1661）が最初と言われる。ヨーロッパでは政府紙幣は発展していない。政府紙幣は、通常の状態の下での貨幣制度とは考えられていない。

　信用貨幣は、もともとは金や銀を前提に発展してきたが、政府紙幣は、国家幻想にもとづいて発行され流通する。共同体の幻想が貨幣の基礎となっている。国家紙幣の流通根拠はどこにあるのか。

　マルクスは『資本論』の中で、銀行券は商業信用を基礎とした貨幣制度と位置づけ、政府紙幣を貨幣の流通手段の中で説く。紙という共通の素材を使っていても、両者の性質も起源も別のものとして考えられているのである。

　マルクスの政府紙幣の論理は、貨幣の流通手段機能という機能に限定して説かれる。本来、マルクスにとって貨幣の素材は金であり、金は商品としての価値を持つが故に貨幣としても価値を持つ。金と他の商品は価値として比較可能であり、このことを前提に金は貨幣として価値尺度機能を果たす。本書第1章で論じたとおりである。

　マルクスは、交換手段としての機能が、社会的な商品の流通を担っていることに着目し、貨幣の「流通手段」機能と呼ぶ。通常「交換手段」と呼ばれている機能が、マルクスの「流通手段」機能である。

　この理解のためには、個別の交換ではなく、社会全体の商品交換を見る視点が必要となる。すなわち貨幣の機能を、個別の交換を媒介しつつ、全体として社会の生産物を生産の側から消費の側へ移す機能として捉えているのである。

　貨幣は商品市場の中を転々と移動する。商品は1回の持ち手の交代で

消費過程に入るが、貨幣は転々と持ち手を替えながらも市場にとどまり、生産と消費の間の橋渡しをする。貨幣は、人間社会の物質代謝を担っているのである。この社会的に見た交換手段あるいは購買手段としての機能が、貨幣の流通手段機能である。

　貨幣が自ら市場を転々としつつ流通手段として機能する時、その量は、市場の規模によって規制される。流通手段と貨幣量は、商品の価格総額と一定期間における貨幣の使用回数によって規制される。

　　必要流通手段量＝商品の価格総額／貨幣の使用回数
である。

　この必要流通手段量説と貨幣数量説とでは、因果関係が逆になる。貨幣数量説は、貨幣の量が原因で商品の価格（物価）が結果である。必要流通手段量説では、取引される市場規模、すなわち価格総額の方が原因で、これに合わせる形で貨幣量が決まる。

　マルクスの場合、この必要流通手段量説を前提に政府紙幣が存在することになる。

　政府紙幣論は、『資本論』では象徴化あるいは表象化論として説かれる。象徴化とは貨幣が金という実体を消していくプロセスを意味する。この象徴化は以下のようなものである。

　金が貨幣であったとしても、地金や砂金をそのまま貨幣として使用するのは不便である。現実的には、貨幣は鋳貨の形をとる。鋳貨は純度と分量が決められる。しかし、鋳貨として購買力が保証された貨幣は、貨幣として使用される間に摩滅する。

　したがって鋳貨には最軽量目規定が設けられており、摩滅の限度が決められている。規定以上摩滅すれば新しい鋳貨と取り替えられる。しかし、このことは、最軽量目の範囲ならば、十分な価値を持たない鋳貨が、十分な価値を持つ鋳貨と同じ貨幣価値、すなわち購買力を持って使用されることを意味する。

　また、金以外の金属が補助貨幣として用いられる場合には、金属商品としての価値以下のものが貨幣として使用される。イギリスにおいて1821年に金本位制が確立すると、銀は、実質的な価値を持たない名目

貨幣（token coin）となっていった。

　流通手段としての貨幣は、市場の参加者の観念によって価値を付与される。そして、実質的な価値を持たない貨幣も、十全な価値を持つ貨幣と同様に受け取られ流通する。マルクスは、この流通手段としての貨幣の機能は「一時的」だと考える。象徴化が可能になる理由は、その機能が、一時的、あるいは経過的である、という点に求められているのである。そして、価値として保蔵することが目的ではない限り、十全な価値を持たなくてもよいと考えるのである。

　政府紙幣は、マルクスの場合は価値保蔵機能を持たないという考えにもとづいて説かれる。そして、金という実体の痕跡がないという意味で、貨幣の表象化の究極の姿として説かれるのである。

　とはいえ、『資本論』において流通手段として機能する政府紙幣は、金貨幣が同時に存在することを前提とする。政府紙幣と金貨幣の関係は明確ではないが、政府紙幣である以上、不換紙幣であると考えられる。すなわち、不換紙幣が存在し、それが流通手段の一定量を構成し、貨幣として機能することは可能である、と考えられている。この不換紙幣の周りにある貯水池には、金貨が価値保蔵手段として蓄えられている。こうしたシステムの中での政府紙幣論である。

　金貨幣であれば、流通手段としても機能するし、価値保蔵手段としても機能する。流通手段としてしか機能しない政府紙幣が人々に受領されることの根拠は、マルクスの説明によっても明確ではない。また、機能によって紙幣と鋳貨を使い分ける根拠についても十分な説明はない。政府紙幣論は、『資本論』にあってはエピソード的なテーマだったのかもしれない。

　鋳貨も補助貨幣も政府紙幣も、商品経済的な合理性は持ちつつも、いずれも国家が発行する。国家という権力に対する信認が、貨幣を成立させている。

　マルクスの紙幣論の中で信用貨幣は、商業信用を基礎に解き明かされているが、政府紙幣論の基礎は、必要流通手段量説と流通手段機能の一時的性格であり、それ以上の立ち入った説明はない。しかし、流通手段

としての機能が一時的性格あるいは経過的性格によるという説明は、貨幣の機能の問題である。

　機能と貨幣の存在形態とは別である。価値保蔵手段としての金貨幣を貯水池に蓄え、流通手段としてだけ機能する貨幣として政府紙幣と併存することを構想したとすれば、それはピール条例下でのイングランド銀行券を政府紙幣に置き換えたものである。仮に、マルクスが政府紙幣の運用をこのように考えていたとすれば、リカードウの国立銀行案の構想と非常に近いものである（第4章、参照)[11]。

第6節　電子マネー

　最後に、電子マネーに言及する。電子マネーはカード形式をとっていたとしても、クレジット・カードとは異なり、カードの中に貨幣の価値が直接に入っているデジタル形式の貨幣システムである。電子マネーは1990年代に登場し、イギリスのモンデックスが先陣を切った。その技術は日本の日立製作所のものであった。このモンデックスは、カードからカードへの貨幣の受け渡しができるなど、その機能は現実の貨幣とほとんど変わらないものであった。

　しかし、電子マネーの場合には、偽造貨幣と本物の貨幣との区別がつかないという基本的な問題があり、少額取引に限られていた。また、カードの残額を読み取ったり、他人に譲ったりするための携帯用の機器が必要であり、貨幣機能を果たすには、カードだけの携帯では済まず、利便性に問題があった。

　現在の電子マネーは、モンデックスのような高レベルのものではなく、クレジット・カード並の機能に制限されて広まっている。しかし、その本質からして、クレジット・カードとは異なる。電子マネーによる購買は現金と同じような貨幣による購買である。

11）マルクスの金と紙幣との関係については、本書第6章で論じるが、金の最終的な役割は世界貨幣にある。

電子マネーがどのような機能を果たすかは、電子マネーの性格によるものではなく、電子マネーを用いた貨幣制度に依存する。その意味では、電子マネーは技術であり、新たな貨幣制度の問題ではない。
　例えば電子マネーが金との兌換を保証されれば、電子マネーは金本位制の時と同じように機能する。現在のように不換紙幣とリンクして流通するのであれば、電子マネーは不換紙幣と同じような機能を果たす。中央銀行券の代わりも政府紙幣の代わりも独自の地域通貨としても、電子マネーは使用可能である。
　既に見てきたように、商品交換の特徴は、商品が価格をつけているというところにある。そして、価格は貨幣の所有者全体に対する販売の意思の表れであり、交換条件について事前に情報を開示する交換様式である。
　人々が電子マネーのシステムの中で商品に価格をつけたとする。電子マネーの一見した奇妙さは、そこに貨幣がないことにある。数値だけが貨幣として一人歩きする。貨幣としての素材がないという意味で、電子マネーはステュアートの言う典型的な観念貨幣となる。
　しかし、素材のない電子マネーの登場は、現在の不換紙幣の特徴を目に見えるような形にした。それは重厚な日本銀行券のデザインも印刷も、貨幣としての本質は貨幣名と数字だけであるということである。
　貨幣が金から離脱し、紙幣になったとしても、商品所有者がこれを貨幣として認める限りは、紙幣は貨幣として通用する。とはいえ、金貨幣には金という素材的な実体があるが、不換紙幣にはそれがない。
　われわれは、不換紙幣の素材に目を奪われてきたが、素材としての紙は商品の表現材料ではなく、不換紙幣の持つ貨幣呼称と単位だけが表現材料となっている。この貨幣呼称と価格の単位に購買力を付与しているのは、商品経済に参加している各メンバーの貨幣に対する主観的な評価である。
　こうした事態を、人類は長い時間をかけて、貨幣から貴金属という梯子をはずしたと見ることもできる。しかし、梯子をはずしたことが、貨幣の本性にかなったことだったのかどうかという問題は依然として残っ

ている。

　したがって、電子マネーの衝撃は、その機能ではなく、むしろその存在形態にあったのである。紙幣の持つ紙という素材は、それ自体では何の機能も果たしていなかったのであるが、われわれにとっては、紙とそのデザインが貨幣の実在性を確信させるものであった。しかし、本来は紙でなくてもよかったのである。そして、電子マネーの登場によって、紙という素材そのものが消えた時に、不換紙幣の持っていた不安がはっきりと現れたのである。

　電子マネーは技術的には多くの問題を抱えている。しかし、問題は技術的な問題だけであり、電子マネーが機能として紙幣より劣るということはない。持ち運びの便利さ、送金の容易さ、手数料の低さ、さらに技術的には複数の外国貨幣を一枚のカードに納めることができるなど、電子マネーは貨幣の利用形態としては魅力的である。今後もいろいろな方面から電子マネーの試みは広がるであろう。

　貨幣は日常的に使用するものである。今後、情報化社会の進展とともに、発行主体に対する信認、匿名性によるプライバシーの保護、偽造やコピーの防止などの技術的な対応策が進展するであろう。長期的な展望に立てば、電子マネーは徐々にリアル・マネーを浸食し、これにとって代って次代を担う貨幣形態となり得る資質を十分に持っている。

　とはいえ、電子マネーには不換紙幣とは別のいくつかの問題がある。
　第1に、現在の電子マネーは実験段階にある。かなり定着したとしても、未だ限定的な空間のことである。そして、こうした過渡的な時期には、特有の問題も生じる。その一つが貨幣量の増加問題である。
　すなわち、例えば電子マネーの発行主体が利用者に電子マネーを現金と引き替えに渡すとする。電子マネーの発行主体は日本銀行ではないので、日本銀行券によってカードの中に電子マネーが追加される。この時、電子マネーの発行主体が日本銀行券を手にすれば、電子マネーと日本銀行券の総額は増えるのである。発行主体が電子マネーと引き替えに手にした日本銀行券を封印する必要がある。イギリスのモンデックスの場合には、この原則は守られていた。

第2に、発行主体への信認が問題になる。電子マネーは、その性格からして技術的な問題をクリアすることができれば、発行する能力のある主体は数多く存在する。極端に言えば、規制がなければ誰にでも発行できる。電子商取引は、国内と海外とを問わず拡大する。今後の進展次第では、海外の電子マネーが国内に流通することも、国内の電子マネーが海外に流出することも十分にあり得る。

　貨幣の分散と統合のどちらをも容易にするのが電子マネーである。この点では、貨幣システムの今後に影響する可能性がある。

　第3に、電子マネーには越えなければならない問題がある。価値の安定性である。これは不換紙幣と同様である。しかし、不換紙幣は国家に対する信認が貨幣の流通を支える。これに対して電子マネーは、国家や中央銀行と関係なく、現在の「円」を媒介せずに作成され、使用される可能性がある。その場合の電子マネーに対する信認は難しくなる。

　逆に、価値の安定性が保証され、人々が価値の保蔵の対象として電子マネーを使用するようになれば、企業もまた独自の電子マネーを使用するようになるし、そうした試みは少なくない。

　極端な話が、電子マネーの世界では、こと貨幣取り扱い関連の業務に関しては、巨大な銀行のビルが1台のコンピューターに置き換わることも可能である。また、企業間の高額取引や賃金の支払いに電子マネーを使用し、電子マネーを基準にしてより多くの貨幣の増殖、すなわち企業活動を行う社会も考えられる。仮にそうなれば、国家や中央銀行に依存しない貨幣という意味で、電子マネーがこれまでの貨幣システムに影響を与える可能性もある。

　とはいえ、電子マネーの最大の問題は、偽造と本物の区別がないことであり、これは頭脳戦であり、電子マネーにつきまとう問題である。また、発行主体が誰になるかで、電子マネーへの信認の度合いが決まり、価値の安定性も決まる。電子マネーを金とリンクする試みも報道されたことはあったが、夢と不安のともなう貨幣である。

第3章　貨幣数量説

第1節　貨幣数量説の形成

　貨幣数量説の起源は古い[12]。しかし、普及したきっかけは、アメリカ大陸の発見以降の中南米からヨーロッパへの金銀の流入と、これにともなう物価の上昇、いわゆる16世紀の価格革命である[13]。100年間で2―3%の物価の上昇という現代の経験からすれば、驚くに値しないインフレーションであるが、これが経済学の古典的な論争を引き起こした。この程度のインフレーションであっても、貨幣が金や銀の時代には、注目すべき経済現象であった。貨幣数量説はこの物価上昇の原因を貨幣量の増大そのものに求める学説である。

　貨幣数量説は物価の上昇を説明する理論であり、物価の上昇は貨幣価値の下落と同じことである。したがって、物価上昇を説明する貨幣数量説は、そのまま貨幣価値に関する決定論でもあった。この理論は、経済学の主要テーマである物価の上昇問題を扱い、その理論内容も明快なことから広く受け入れられた。

　モンテスキュー（Charles de Secondat, Baron de Montesquieu, 1689-1755）やロック（John Locke, 1632-1704）やヒューム（David Hume, 1711-1776）などの時代の名だたる知性が、この学説の形成者に名を連ねる。この時期は重商主義の時代であった。ジェームズ・ステュアート（James Steuart1713-1780）によれば、貨幣数量説は、モンテスキューとヒュー

---

[12] Blaug [1995]、堀塚文吉 [1988]、参照。
[13] 平山健二郎 [2004] では、通説である「価格革命」に関する批判的研究が紹介されている。

ムの理論、と呼ばれている。

　ところで、アダム・スミスの命名による重商主義（Mercantile System, Smith [1981]）は、貨幣を富とみなす貨幣観を持ち、その増大をもって国富増大の基準とした。貨幣はまぎれもなく富であった。

　貨幣数量説は、こうした重商主義の発展の最中で形成され、重商主義の貨幣論にとって代わった学説である。しかし、ロックが貨幣数量説の枠組を描き出した時、彼はその理論が重商主義の貨幣観と対立するとは考えていない（Locke [1963]、奥山 [2010b]）。

　国内の貨幣量の増加は、貨幣の不足という当時の経済問題（第4章、参照）を解決するものであり、必要な政策であった。そして、貨幣を富とみなす貨幣観もまた、ロックの場合むしろ貨幣数量説と共に積極的な政策目標であった。

　貨幣数量説が重商主義の貨幣観を否定する学説として明確に位置づけられるのは、ヒュームにおいてである（奥山 [2011a]）。ヒュームの貨幣数量説を重商主義批判の観点から見れば、次のように整理できる。

　第1に、貨幣は富ではなく交換の道具であるとする貨幣＝道具説である。これは、重商主義の貨幣観の大転換であり、ヒュームの学説史上の大きな功績と言える。この貨幣観は、貨幣数量説とともに登場し、古典派経済学がこれを継承することになる。このことから、貨幣＝道具説の採用と貨幣数量説の採用とを一体のものと見る誤解が生じる。アダム・スミスは、貨幣＝道具説はとっているが、貨幣数量説は否定している（奥山 [2011b]）。

　第2に、貨幣数量説では、貨幣が富ではなく交換の道具である以上、貨幣の増加は富の増加ではなく、交換の道具の増加であり、物価が上昇するだけで、意味のないことになる。むしろ交換の道具としての貨幣量が増え、計算単位が大きくなる分、不便さが増すぐらいの扱いである。貨幣数量説では、基本的には貨幣の増加は価格水準を変えるだけで経済には影響しないと考える。いわゆる貨幣の中立性の立場である。

　第3に、ヒュームのいわゆる連続的影響説である。すなわち、貨幣の増加は、経済に対して何の意味も持たないが、貨幣の増加がまんべんな

く社会のすみずみにまで行き渡る中間期間においては、貨幣は経済を活性化させる効果を持つ、とするものである。貨幣の増加は収入の増加という貨幣錯覚をもたらすからである。ただし、この中間期間が終わり、貨幣が社会のすみずみにまで行き渡れば、経済への刺激効果は消え、物価の上昇だけが残る、と考える。

第4に、金銀貨幣の国際的な自動調節機構である。例えば、輸出が増加して貿易の黒字が増え、貿易の決済を通して金銀が国内に流入し、国内の貨幣量が増加すれば、その国の物価は上昇し、今度は輸出条件が不利になり、貿易バランスが逆転して貨幣が流出する。

また、貨幣が流出すれば、国内の貨幣量が減るので貨幣価値が上昇し、物価が下落する。これは輸出の条件を有利にするので輸出が増え、金銀が流入するという循環を繰り返す。金や銀の貨幣は、こうした国際的な自動調節機構を持っている、と考える（Hume, 1752, [1955]）。

ヒュームの見解は、重商主義のトーマス・マン（Thomas Mun, 1571-1641）に代表される貿易差額主義（Mun, 1664, [1986]）の経済政策と対立する。貿易差額主義は、政策的に輸出と輸入の差額を増加させ、その差額が金や銀の貨幣として国内に流入することを目標とする。イングランドのような国内に金や銀の鉱山を持たない国は、これによって国内に富としての貨幣が増えるのである。

貨幣数量説は、第1に国内の貨幣が増えること自体に意味を認めない上に、第2に金銀貨幣の国際的な自動調節機構によって、貿易差額主義の経済政策が無駄な試みであることを説く。ヒュームの貨幣数量説は、重商主義の全面的な否定ということになる。

とはいえ、金銀の自動調節機構には問題が残されている。貴金属貨幣の国際的な移動が利子率を無視して物価の比較だけで行われるとする考えは、貴金属貨幣による国際通貨システムを前提にしたとしても、批判を免れることはできない（John Stuart Mill, 1806-1873, [1965]）。

貴金属が有利な場所に移動するのは、貴金属を国際通貨とする当時のシステムそのものにともなうことである。貨幣数量説の問題とは言いにくい。国際的な金銀の移動の論理の前提に、国内の貨幣の増加による物

価の上昇を置くとすれば、この部分は貨幣数量説と言えるが、金銀の国際的な移動は裁定取引であり、国際的な貿易における貨幣数量説という新たな理論とは言いにくい。以上が、ヒュームによって完成の域に高められた貨幣数量説を重商主義批判として見た場合の対立点となる。

ヒュームによる貨幣数量説の定式化を受けて、一般的には古典派経済学は貨幣数量説を継承したと考えられている。ナポレオン戦争にともなうイングランド銀行の兌換停止に端を発する地金論争期の地金派、したがって地金派の代表者として論壇に登場した時のリカードウ、そして、ピール条例の成立につながる通貨論争期の通貨学派は、貨幣数量説を受け継いだと言われる。確かに、貨幣を富と見る重商主義にとって代わって、貨幣数量説の黄金時代があったことは否定できない(Ladler [1991])。

その後、マルクスは貨幣数量説を批判し(Marx, 1867, [1969])、ケインズも貨幣数量説を積極的にとることはなかったことから(Keynes, 1936, [1971a])、貨幣数量説は戦後の経済学においては影響力をなくしていた。

1980年代以降はマネタリズムの時代であり、表舞台から消えていた貨幣数量説は、主流学説の基盤となる理論として復活した。とはいえ、今日、貨幣数量説の限界も露呈してきている。日本のゼロ金利政策に続いて欧米もゼロ金利状態となり、今や貨幣量の増大が経済政策の中心となっている。貨幣数量説をベースとした政策である。

しかし、わが国のデフレーションをともなう不況は長期にわたっており、極端な低金利とマネタリーベースの増加にもかかわらず、なお解消していない。この状況は、日本だけではなく、欧米にも広がっており、世界経済にも立ち直りの兆しが見えない。貨幣数量説そのものが検討されるべき時期に入っている。

第2節　貨幣数量説の基本的な考え方

貨幣数量説は、ヒュームにおいて基本的に完成する。しかし、経済学

の教科書（例えば Galbraith [1994]）には、貨幣数量説はフィッシャーの名前とともに登場し（Fisher [1916]）、「フィッシャーの交換方程式」と呼ばれる。それは、MV = PT と表現される。実際には、フィッシャーの考察は、この等式の範囲を超えているが、一般的には、この等式がフィッシャーの名とともに広まっており、本書もこれを踏襲する。

　ヒュームの意図した貨幣数量説の内容も問題点も、この等式に集約されていると言っても過言ではない。したがって、交換方程式に貨幣数量説を代表させることが貨幣数量説の検討には適していると考える。

　MV = PT において、M は貨幣（money）の量を表し、V は「貨幣の流通速度（velocity）」と呼ばれ、P は価格（price）、T は取引量（transaction）を表す。概念的に難しいのが「流通速度」V である。V は、基本的には一定期間における貨幣の使用回数と考える。例えば、貨幣を千円札だけと仮定し、期間を1週間とする。そうすると、この千円札に目印をつけてこれを追跡すれば、その千円札が1週間に何回使用されたか、つまり持ち手を替えたかが分かる。5回使用され、5人持ち手が替われば、V = 5 である。

　M は貨幣量である。千円札が3枚存在したとすると、M は 1000(円)×3(枚) = 3000(円) ということになる。この千円札が、それぞれ1週間に4回、5回、6回、と使用されたとすれば、MV は、それぞれの千円札についての MV を合計して 1000(円)×4 + 1000(円)×5 + 1000(円)×6 = 15000(円) となる。あるいは、貨幣は全て千円札なので、3枚の千円札全体の使用回数 15 回の積（1000円×15 = 15000円）をとってもよい。一定期間の購買価格の合計は 15000 円ということになる。

　P は価格であり、T は取引量である。商品がアイスクリームしかなく、1個 100 円と仮定する。アイスクリーム 150 個の価格の合計は 15000円となる。これが、PT（価格×取引量）である。どちらかが嘘をつかない限り、売った値段と買った値段はズレないという意味で、販売価格と購買額が一致するのが、日常経験にもとづく常識である。

　すなわち、MV（購買総額）と PT（販売価格総額）も 15000 円で一致する。したがって、フィッシャーの交換方程式と呼ばれる MV = PT は

62

常に正しいことになる。これは自明のことであり、反論の余地はないと言われる。

　貨幣の流通速度Vについて付言すれば、実際に貨幣に印をつけ、何回使用されたかを観察することは不可能である。しかし、Vが現実的には観察不能だからといって、VをPT／Mから導くのは、フィッシャーの交換方程式の本来の意味に反する。Vの位置にPT／Mを当てはめれば、M・PT／Mとなり、整理すれば、左辺はPTとなる。右辺はもともとPTなので、PT＝PTとなり、経済的な意味をなさない。Vは、現実的にはともかく、理論的には観察可能と考えてはじめて販売総額と販売総額は等しいことを表すものとなり、MV＝PTが自明のことになるのである。

　フィッシャーは、ここでVとTは、慣習的に大きな変動はないとみなす。そうであるとすると、MとPの関係だけが残り、MとPは常に比例する。VとTを一定とすれば、これも自明ということになる。そうであるとすれば、何らかの理由で貨幣量が増大した場合、物価は必ず貨幣量に比例して上昇することになる。貨幣が増えれば物価が上がる。貨幣が減れば物価が下がる。この点もこの仮定の下では反論の余地はない。

　ここから一歩進んで、政策論的に言えば、物価が上がらないのは貨幣が足りないからで、貨幣を増やせば物価が上がる、という見解が導き出される。こうした一連の見解は、フィッシャーの交換方程式が正しい限り、反論の余地がないものに思える。以上がロックなどの古典派前夜の経済学者から現代にまでつながる貨幣数量説の基本的な考え方である。貨幣数量説が説得力を持つもっとも大きな理由である。

第3節　流通速度の定義に関わる問題

　フィッシャーの交換方程式は、一見すると完璧な公式に見える。しかし、その問題の第1は、交換方程式を形成する諸要素の定義の問題であり、この式の前提に関わる問題である。

先ほどの説明では、貨幣を千円札だけと仮定していた。しかし、現実の貨幣は1円や5円から1万円まで、数多くの種類がある。貨幣が一定期間に何回使用されたかという定義は、貨幣が千円札だけの場合なら問題はないが、単位の違う貨幣が併存している場合には通用しない。
　全てを共通単位、例えば最小単位の1円に還元するしかない。千円札が1回使用されたら、1円が1000回使用されたとみなすのである。つまり、現実的には、Vそのものを計算することは不可能なのである。千円札が1回使われたら、1円玉が1000回使われたとみなす。これが可能だとすると、貨幣の使用回数としての流通速度はデジタルな貨幣にも適用可能になり、預金通貨にも適用できることになる。
　フィッシャーは、現金通貨と預金通貨を貨幣と考えており、フィッシャーの交換方程式は、MV＋M'V'＝PTであった。M'は預金通貨量、V'は預金通貨の流通速度である。預金通貨には、1円、5円、‥‥、千円の区別がないので、全てを1円と考えることで流通速度の意味が出てくる。もちろん、この計算は、頭の中のことであり、現実的な検証は不可能である。
　本稿では、Vを一定期間における貨幣の使用回数とみなしてきた。そうであるとすると、使用されなかった貨幣はどのように扱われるのかという問題が生じる。この問題は、貨幣数量説においては、もっとも基本的かつ困難な問題である。
　使用されなかった貨幣の扱いは二通り考えられる。まず、使われなかった千円札は使用回数ゼロなので、この等式の中では1000円×0＝0として扱うという考え方である。本来はこの考え方が妥当である。つまり貨幣としては存在していたが、貨幣としては使用されなかったと考えるのである。
　しかし、これはフィッシャーの交換方程式とはなじまない。MV＝PTにおいて貨幣量が増えても購買に使用されないとすると、貨幣量の増加が購買量の増加につながらないことになる。したがって、伝統的には貨幣数量説では、購買に使用されない貨幣は、この等式にはそもそも含まれない、と考える。

もし含むとすれば、この等式においては、Mの増加の分、Vが低下することを意味する。そして、貨幣量が増加した分はそれだけ貨幣の流通速度が低下するという可能性を貨幣数量説に積極的に取り入れれば、貨幣数量説の意味がなくなるのである。MV＝PTのうちのMとPの比例関係は成り立たなくなるからである。

第4節　交換方程式における貨幣と商品

　貨幣数量説は、その形成期以来、Vの持つ以上のような問題は把握していたが、それにも関わらずVの安定性を前提としていた。Mが増えた分Vが低下するという関係は、その可能性は認めるが、貨幣数量説とはなじまないのである。このためにとられた措置は、使用されなかった貨幣は物価とは関係しない、という考えである。

　この見解は、ロック、ヒュームなどの貨幣数量説の形成期から古典派の後期に位置するJ.S.ミルまで連なるいわば伝統である。使用された貨幣だけが貨幣であると考えるのである。すなわち貨幣の存在を二つに分ける。流通手段（あるいは交換手段・購買手段）と価値保蔵手段である。この区別は本来貨幣の機能の区別である。一つの貨幣は、流通手段でもあり、価値保蔵手段でもある。しかし、これをそのまま貨幣の存在の違いとして区分し、使用された貨幣は流通手段としての貨幣、使用されなかった貨幣は価値保蔵手段としての貨幣、あるいは退蔵貨幣と見なすのである。

　したがって、使用された貨幣だけが価格に影響し、それ以外の貨幣は価格に影響する貨幣ではない、ということになる。退蔵された貨幣は、交換方程式に含まれる貨幣ではなく、流通の中にある貨幣だけが貨幣であると言うのである。この考えの下に、貨幣のうちで使用された貨幣だけがMV＝PTのMに加わると考えるのである。

　しかし、使用されない貨幣は、確かに購買には関わらないが、購買しないことで価格の形成に関わる。売れ行きが悪ければ、売り手は価格を下げざるを得なくなるのである。貨幣が購買に使用されなければ、物価

は低くなる。フィッシャーの交換方程式は、この関係を捉えてはいないのである。

　使用されなかった貨幣の中には、購買を控えたために使用されなかった貨幣もあれば、将来の使用のために退蔵された貨幣もある。使用されない貨幣も価格に影響しているのである。この点で、使用された貨幣の量によって貨幣と価格との関係を導く交換方程式には、基本的な問題があると言わざるを得ない。

　同じ問題は商品の側にも生じる。すなわち、取引量Tである。取引量は商品の取引量であるとすると、取引されなかった商品はこの等式の中でどのように扱われるのであろうか。MV＝PTが自明のものとして成り立つためには、売れ残りの商品の存在は、この交換方程式とはなじまない。売れ残りの商品を右辺に加えれば、購買額の総量と販売額の総量がズレてしまうからである。つまり、フィッシャーの交換方程式が自明の正しさを持っていると主張する場合には、商品に売れ残りは存在しない、と言っていることに等しい。売れ残った商品は取引されなかったのだから取引量から除かれるということである。

　言い方を変えれば、ここでは使用されなかった貨幣は貨幣ではなく、売れ残った商品は商品ではない。あるいは貨幣はすべて使用され、商品はすべて販売されるという条件の下で、フィッシャーの交換方程式は成立しているのである。売れた商品と使われた貨幣をそれぞれ合算して等号で結べば、等式はいつでも成立する。

　この式で、VとTを一定としてMとPの比例関係を導いたとしても、一つひとつの取引に関して、100円のアイスクリームを100円で買ったというだけのことである。あるいはアイスクリームが200円になれば、200円のアイスクリームを買うのに100円玉が2個必要だというだけである。この関係を複数の貨幣片と複数の財に適用し、合算したのが交換方程式である。この式から貨幣量が増えたことが物価に及ぼす影響を導くことは、本来無理がある。

　貨幣量が増加して所得が10万円から20万円になったとしても、アイスクリームが100円なら、100円でしか払わない。所得の増加が需要

曲線を右方向にシフトさせ、供給曲線が右上がりの場合には、商品の価格が上昇する。この関係が全ての商品について同時に成り立つなら、貨幣の増加が価格の上昇につながると言える。

しかし、この場合も価格の弾力性次第では、貨幣の増加と価格の上昇が比例するとは言えない。また、そもそも交換方程式は、こうした関係を表現していない。交換方程式に従えば、供給曲線が水平でも、貨幣の増加は物価を上昇させるのである。価格論からすれば奇妙な事態である。

本来この式の意味するところは、一定期間の売買の結果を集計しただけであり、それ以上の経済的な意味は持たない。したがって、貨幣数量説は理論的に導き出されたものではないということになる。理論的には、何の因果関係も含むものではなく、購買額と販売額は常に一致するという自明のことを述べただけである。J.S. ミルは、古典派的伝統にしたがって貨幣数量説の考えを支持する一方で、事実上、この等式については恒等式に過ぎないことを指摘し、ミル自身の意図に関わらず、実質的にはこの理論を骨抜きにしている（Mill, 1848, [1965]）。

貨幣の増加が所得の増加になるとは限らないし、所得の増加が需要の増加になるとは限らない。需要が増加しても、貨幣の増加と比例して物価が上昇するとは限らない。これらは別の問題である。しかし、交換方程式では、貨幣の増加は必ず物価の上昇を招くと説く。

貨幣数量説は、等式が成立するためには、使用された貨幣だけが物価に影響すると考える一方で、貨幣量の増加が物価を上昇させると主張するためには、増加した貨幣は使用されると考える。

しかし、増加した貨幣は、使用されることもあれば、使用されずに保蔵されることもある。今日の経済状況では後者である。わが国では、日本銀行による膨大な国債の買取りによる貨幣の供給が続いているが、物価は上がらない。デフレ状況は依然として解消されない。

第 5 節　フィッシャーの交換方程式とケンブリッジ方程式

　フィッシャーの交換方程式は、ロックやヒューム以来の伝統的な貨幣数量説を受け継いだものと言える。しかし、これと並ぶ貨幣数量説のもう一つの式は、ケンブリッジ方程式と呼ばれ、M＝kPy と表現される。

　y は実質国民所得とされ、P は価格なので、Py は名目国民所得になる。ここで k は貨幣の保有動機を重視したマーシャル（Marshall [2003]）にちなんでマーシャルの k と呼ばれ、名目国民所得に対する貨幣の保有比率を意味する。k が安定的であれば、M と P は比例関係におかれ、貨幣量の増加は物価を上昇させることになる。フィッシャーの交換方程式と同じ結論が導かれるのである。

　k は、一般には定数を想起させるアルファベットである。しかし、この場合は定数ではない。定数ではないが安定的と考えられている。しかし、安定的かどうかは別として、国民所得と貨幣量の比率は実際には変化する。

　ケンブリッジ方程式は、フィッシャーの交換方程式とは異なる。またその違いは、場合によっては改善とも受け止められている。その理由は、ケンブリッジ方程式の場合、価値保蔵手段としての貨幣が取り入れられていることにある。フィッシャーの交換方程式の場合は、流通手段としての貨幣、しかも使用された流通手段としての貨幣だけが式の中に考慮されていた。しかし、ケンブリッジ方程式の場合は、流通手段および価値保蔵手段として存在する貨幣のすべてが貨幣 M の中に含まれる。

　もちろん、実際のフィッシャーの考察の中には、貨幣の平均的保有期間から貨幣数量説にアプローチする考えもある。この考え方は、ケンブリッジ方程式と考え方は類似している。しかし、本書では、一般に言われているフィッシャーの交換方程式に限定してフィッシャーを扱っている。

　ケンブリッジ方程式では、貨幣所有者に貨幣保有の動機があることを前提に、名目国民所得の k% を保有すると考えているのである。国民一人ひとりが何 % を貨幣として保有するかという傾向が分かれば、この

式は成立することになる。このkは「所得流通速度」とも呼ばれる。とはいえ、それは時と場合による。国民所得と貨幣残高の比は、国民所得と貨幣残高が分かってから事後的に計算するしかないことであり、事前に分かることではない。

　フィッシャーの交換方程式は、実際に使用された貨幣だけを抽出することは不可能であり、実際には検証不能な等式であった。これに対しケンブリッジ方程式の貨幣は、存在する貨幣をすべて貨幣として扱うことが可能なので、統計的にも把握できるという便利さがある。

　しかし、その裏面として、ケンブリッジ方程式は、フィッシャーの交換方程式のような自明性を主張できない。それは、ケンブリッジ方程式の実質国民所得yとフィッシャーの取引量Tの違いにある。

　Tは取引の総量であり、yは実質国民所得なので、両者は数値的に異なる。この意味では、フィッシャーの交換方程式からケンブリッジ方程式を導く試みは、Tとyを同一視した上での試みであり、妥当性を欠く。

　すなわち、yは実質国民所得であるから、生産された財のうちの付加価値部分だけであり、フィッシャーのTは付加価値部分だけではなく、経済活動にともなう取引量の全体である。やや近い事例として産業連関表に例えれば、産業連関表は、付加価値（分配国民所得に相当）や最終需要（支出国民所得に相当）と中間投入の部門間の相互連関を一体化させた表である。フィッシャーが想定するような取引のすべてではないが、国民所得と取引の全体量との相違はこれによって分かりやすい。フィッシャーのTは、いわば産業連関表の中間投入と付加価値の合計（CTと呼ばれる）であり、ケンブリッジ方程式で使うyは付加価値だけである。わが国の例で言えば、TはPyの約2倍である。

　この違いは、ケンブリッジ方程式とフィッシャーの交換方程式の性格そのものの違いとなる。フィッシャーの交換方程式は、購買総額と販売総額が等しいのは自明であるという関係から、貨幣量の増加は必ず物価を上昇させるという貨幣数量説の主張を、あたかも自明のように主張することができた。しかし、ケンブリッジ方程式では、こうした主張は行えない。ケンブリッジ方程式によって、貨幣残高と国民所得統計が利用

可能になったが、この式によって、貨幣量の増加が物価を比例的に上昇させることを主張することはできない。使用されない貨幣が式の中に含まれることで、kの安定性自体が、検証すべき新たな課題となる。

第6節　貨幣数量説の因果関係

　フィッシャーの交換方程式 MV＝PT もケンブリッジ方程式 M＝kPy も、MとP以外の変数を安定的とみなして貨幣Mと物価Pとの比例関係を導く。しかしながら、貨幣数量説は、これを一歩超えた主張を行う。貨幣量の増加が物価上昇の原因である、と説くのである。この考えは、重商主義期の価格革命の時期に貨幣数量説が定着してから、フリードマン（Milton Friedman, 1912-2006）に代表される現代まで共通している。

　言うまでもなく、数式はMとPの関係だけを表現し、どちらが原因でどちらが結果かは表現していない。しかし、貨幣数量説は、貨幣の増加を原因とし、物価の上昇を結果とみなす。これはこの等式から導かれることではなく、研究者の判断である。

　古典的な貨幣数量説も、金銀貨幣の増加が原因で物価の上昇が結果である、と判断した。フリードマンもまた、貨幣数量説はMとPの比例関係だけはなく、Mが原因でPが結果である学説であることを主張する（Friedman [1964]）。フリードマンの大著（Friedman and Schwartz [1963]）は、この実証研究に当てられたものである。

　これに対して、古典派の時代、トゥーク（Thomas Tooke, 1774-1858）は貨幣数量説に反対して、膨大な物価史の研究（Tooke and Newmarch, 1838-1857, [2010]）の成果から、貨幣数量説の因果関係が逆であることを説く（Tooke, 1844, [2008]）。物価の上昇が原因で貨幣量の増加が結果である、としたのである。

　アダム・スミスも貨幣数量説と対立する。スミスはヒュームの貨幣＝道具説は全面的に受け入れるが、貨幣数量説は採用しない（Smith [1981]）。スミスを貨幣数量説とする見解もあるが、誤解である（奥山 [2011b]、参照）。初期の論稿（Smith [1978]）は別として、『国富論』に

おけるスミスは貨幣数量説ではない。商品の流通に必要な貨幣量以上の貨幣は、流通からあふれ出ると説く。これは必要流通手段量説である。

第4章で検討するが、リカードウは一般には貨幣数量説の代表的な論者とされているが、それは地金論争期のリカードウ（Ricardo [1951 b, c, d, e]）であって、『経済学および課税の原理』（Ricardo, David [1951a]）においては、貴金属貨幣については貨幣数量説から離れる。リカードウは、貴金属貨幣については、貨幣数量説とは反対の必要流通手段量説の立場をとり、貨幣数量説は紙幣に関してのみ適用されている。マルクスは金本位制を前提に貨幣数量説を批判し、必要流通手段量説をとっている（Marx [1969]）。

この二つの見解の対立点は、貨幣価値論にある。もちろん貨幣の価値に関しては、商品貨幣（金や銀の貴金属貨幣）と紙幣、特に不換の銀行券や政府紙幣とでは事情は異なる。金や銀は、それ自身も商品としての価値を持ち、このことを前提に貨幣として使用される。これに対し紙幣は、貨幣としての購買力、すなわち価値を持つが、紙幣の素材である紙は価値を持たない。

貨幣数量説は、金銀が貨幣の時代に登場し、広く認知される。しかし、貨幣量の増加が物価を上昇させ、貨幣量の減少が物価を低下させると主張する場合、貨幣それ自身は固有の内在的価値を持たないことになる。ロックやヒュームが貨幣数量説を構築する場合は、これが大前提であった。すなわち、アメリカ大陸の発見による金銀の流入は、貨幣量を増やし、その分貨幣の価値を減らし、物価を上昇させた、と説いたのである。貨幣が無限に増えれば貨幣の価値は無限に低下し、物価は無限に上昇する。

貨幣は、需給の均衡点としての価値を持たず、需給関係次第でどのような値もとり得ると考えるのである。ロックにとって貨幣の価値は「想像的 imaginary」であり（Locke [1963], p.22）、ヒュームにとっては「犠牲的 fictitious」であり（Hume [1955], p.48）、両者とも需給関係だけが貨幣の価値を決めるとみなす。

貨幣の価値は商品に対する一般的な購買力であるから、一般的購買力

自体がどれだけ低下しても貨幣としては通用する。すなわち、貨幣である限り、市場は無限に貨幣を吸収する。貨幣が市場からあふれ出ることはない、と考える。

貨幣数量説は、この見解を金や銀の貴金属貨幣に当てはめる。そうすると、金や銀の貴金属に対して、生産費や労働時間による価値の決定論をとる見解と貨幣数量説は相容れないことになる。

スミスやリカードウは、労働価値論の採用とともに、貨幣商品である金や銀の価値も、他の商品と同じように生産費あるいは労働時間で決定される、と考える。貨幣と商品との不等価交換は競争によって等価交換に収斂する、と考えるのである。貨幣素材の価値が変動の重心点を持つならば、貨幣が増大した場合、不必要な貨幣はあふれ出ることになる。

金の価値が上昇すれば、産金業者は金の生産を増やす。逆に、金の価値が低下した場合、産金業者が生産を停止したとしても、金は消費によって消滅しないので、金の残高は不変である。したがって、金価格の上昇の場合と同じように金貨幣の残高が調整されることはないが、金の生産による調整は行われる。スミスは、アメリカ大陸の発見以来、ヨーロッパの貴金属の鉱山が閉山に追い込まれたことを指摘する（Smith [1978]）。

『国富論』におけるスミスは、労働価値論を基礎に貨幣価値論を説いており、中南米における金や銀の鉱山では採掘の費用が安く、生産費の低下が貨幣価値を低下させ、ヨーロッパの物価を上昇させた、と説く。『国富論』では、貨幣数量説は明確に反対しているのである。必要以上の貨幣が流通に流れ込んだ場合には、流通からあふれ出る、と考えているのである。

ところでJ. S. ミルも、貨幣数量説を正当な学説と言いつつも、その現実的な妥当性については懐疑的であった（Mill [1965]）。ミルは、貨幣商品である金銀にもスミスの言う市場価格と自然価格の差異はあり、この限定された幅と市場価格が自然価格に収斂する暫定的期間は、貨幣価値は生産費ではなく需給関係によって決まると言う。そして、金銀の場合この調整期間が長いので貨幣数量説は短期的には成立する、と考え

る。しかし、これは金銀の自然価格による調整を認めた上での極めて限定的な貨幣数量説であり、貨幣数量説を擁護したというよりも、むしろそれに対する否定的見解と言うべきであろう。

第7節 貨幣数量説の批判

貨幣数量説と紙幣に関しては、ジェームズ・ステュアート（Steuart, 1767,［1998］）が本格的な批判を展開している。ステュアートの貨幣論の基本は、当時の不変尺度論争にある。すなわち、長さや重さや角度の尺度はいつでもどこでも不変なのに、商品の価値に対する尺度財である金や銀の貨幣は、それ自身の価値が変わる。尺度基準それ自身の価値が変わるもので商品の価値を尺度することの不便が、この不変尺度論争の発端である。

ジェームズ・ステュアートは、不変尺度論争への回答として、観念的な貨幣を想定する。現実の交換には登場せず、観念的な尺度としてだけ登場するアフリカの原始貨幣マキュートである。交換の場に存在しない貨幣が、交換当事者の双方の尺度財として使用されることで、不変の尺度となり得ると考える。そして、現実にはオランダのアムステルダム銀行の銀行券グルデンバンコを例に出して、紙幣こそが不変の価値尺度である、と論じていた。

この場合、ステュアートは、鋳貨と貨幣の概念を区別し、貨幣を計算貨幣と定義する。その上で、計算貨幣の理念としてオランダの銀行券をあげたのである。紙幣が不変の価値を持つという見解は、観念的度量単位説と呼ばれ、価格の単位を価値尺度として理解したものと非難される。しかし、ステュアートは、貨幣の理念を不変の価値尺度機能を果たせるかどうかにおき、当時のアムステルダム銀行のシステムに自らの理念をみたのである（古谷豊［2003］）。

ステュアートの『経済学原理』（1767）は、スミスの『国富論』（1776）より、その出版は9年早い。スミスは、不変尺度として彼の支配労働の概念を当てはめる。投下労働は富裕を表す尺度ではなく、どれだけの労

働を支配できるかが富裕の尺度となる、と考えたのである。

　リカードウは、ステュアートの紙幣論を念頭に置きつつ、貨幣数量説によって紙幣価値、すなわち物価が完全に制御可能であり、ステュアートの不変尺度の理念はここに実現する、と考えていた（Ricardo [1951f]）。

　しかし、ステュアート自身は、紙幣による不変尺度論を唱えてはいたが、貨幣数量説には明確に反対した。おそらく貨幣数量説に対して本格的に反対した最初の論者と言える。ステュアートの反論は、貨幣の増加が生産量の増加をもたらした場合は、物価は上昇しないこと、貨幣量の増加が社会に平等に行き渡らず、一部の人に行き渡った場合は、物価は比例的には増加しないこと、など多岐にわたる（奥山[2009]）。

　しかし、もっとも重要な点は、貨幣の増加と需要の増加とは別である、と考えていることである。貨幣が増加しても需要が増加しなければ物価は上がらない。今日、どれだけ貨幣を増やしてもデフレーションは解消していない。貨幣数量説は安易に貨幣と需要とを一体化させるが、今日の事態は、この点で貨幣数量説とはそぐわないのである。

　また、ヒュームは機械的な貨幣数量説と並んで、いわゆる連続的影響説を説く。貨幣量の増加によって所得が増加したという貨幣錯覚が人々の間に生じて支出が増加し、これが需要を増加させて物価の上昇につながる、と言うのである。

　しかし、ミルは、貨幣が増加しても有価証券の市場に流れれば物価は上がらない、と指摘している。増加した貨幣が株式市場に流れても物価は上がらない、と言うのである。今日の事態と同じである。現在のように、日本銀行による市中銀行の国債の買取りが、市中銀行の日本銀行における預金の増加につながるだけで所得の増加につながらないなら、物価は上がらない。こうした現状を見れば、貨幣数量説のもっとも基本的な問題は、貨幣の増加と需要の増加を安易に比例させるところにあると言える。

　以上の点を踏まえれば、貨幣の供給が外生的に行われるとしても、貨幣量の増加が需要の増加をもたらさない限りは、物価とは何の関係もないことになる。経済の活動に使用されない貨幣、所得の増加とつながら

ない貨幣量の増加は、物価には影響しない。

したがって、物価を決めているものは、市場にある貨幣量ではなく、所得と投資を媒介にした現実的な需要の方である。また貨幣量の管理は、貨幣量と物価の正比例関係を維持するものではなく、貨幣に対する信認を維持するために必要なことである。貨幣数量説が問題なのではなく、貨幣価値安定の政策が求められるのである。

貨幣量の増加は、貨幣に対する信認を低下させるという意味では、為替相場における通貨安につながり、その結果として輸出を増やし、経済を活性化させることにつながる。第2次世界大戦前の関税戦争が形を変えた姿である。

問題は貨幣と需要との関係にあり、貨幣量と需要とを切り離したステュアートの見識が、現在の経済学に反省と提言を与えている。ステュアートは、資本主義の成長の鍵となるのは需要であると考え、需要喚起のための政策を模索した。地主の需要、奢侈品への需要などは、雇用の増大、生産部門間の均衡と並ぶ経済の成長要因として受け止められていた。貨幣数量説を使って貨幣量を増やせば需要が増えると考えるほど、国民経済にとっての需要の形成は簡単ではないのである。

第4章　貨幣の管理

第1節　貴金属貨幣の管理

　貨幣は、交換の中で自然発生的に登場したとしても、それは社会的に管理されて使用の便に供される。鋳貨は国家によって作られた。ヘロドトスの『歴史』が伝えるところでは、鋳貨は紀元前7世紀のリディア王国のエレクトラム鋳貨（金と銀の自然的な合金）に遡る。

　鋳貨の製造によって貨幣の品質の統一性と重量の区分が設けられ、計算上便利な個数性が与えられ、逐次秤量する手間が省け、使用の便は大幅に増す。現代のクレジット・カードや電子マネーは、こうした個数性を必要としない。しかし、現金での支払いは、各種の紙幣とコインを組み合わせて行われる。

　鋳貨の製造と管理は高度な技術を要することから、国家が鋳貨の発行を担うのが一般的である。国家が製造を担うことで、鋳貨には国家の威厳を表す文様が掘られたりする。エレクトラム鋳貨の場合は、文様のない初期のものから、後に獅子が掘られるようになった。

　鋳貨は国ごとに貨幣名を持つ。この場合、貨幣の単位はどのようなものでもよいが、イギリスのポンドは重量の単位に由来する。そして、鋳貨は、なによりも偽造と戦わなければならなかった。著名な物理学者ニュートン（Isaac Newton, 1643-1727）も、造幣局長官時代には、偽金作りの取り締まりを強化し、犯人を処刑している。

　「偽金」作りという点では国家も同様であり、貨幣の悪鋳は貨幣の発行者である国王や領主にシニョレッジ（貨幣発行益）を与えることから、国家の手で鋳貨は品質を落とし続ける。このため、悪鋳が進むと貨幣の名称は元々の重量基準から離れ、名目的なものとなる。また、悪鋳が繰

り返されると、鋳造時期によって品質の異なる鋳貨が同時に流通するという混乱が生じたりした。このため鋳貨論は、当時の大きな論争の一つであった[14]。

鋳貨が法貨（legal tender）となる経緯については、ハロッド（Harrod [1969]）が次のように説明する。すなわち、支払契約は金銀の重量で結ぶよりも鋳貨の名称で結んだ方が便利であり、その結果、鋳貨を引き渡す（tender）ことによる合法的（legally）な債務の弁済が行われるようになる。これが legal tender（法貨）である。鋳貨の名称は法律で認められ、通貨当局は、その品質に関する義務を負うようになる。

このシステムは、本位（standard）と関係する。本位は鋳貨に含まれる貴金属の重量とリンクする。すなわち鋳貨の品質が同じである限り、本位は同じとみなされる。そして、鋳貨に含まれる貴金属量が減少すれば、本位の価値は切り下げられたとみなされるのである。

金本位制は、流通している鋳貨の含有する金量を法的に保証することで成り立つ。しかし、金塊の市場価格がこの法定価格と一致するとは限らない。地金の価値が法定の価格より有利になれば、鋳貨は鋳潰され地金になる。あるいは、海外に輸出される。逆に不利になれば、地金は鋳造所に持ち込まれて鋳貨になる。

イギリスでは、1666年に鋳造費用や鋳潰しのための費用は、ほとんど無料（フランスは8%の有料）となり、また、金銀の輸出は1661年に認められていた。この無制限鋳造権と輸出権が市場での必要鋳貨量を調整し、金本位制を維持していたと言える。自由な鋳造制度の下で、無制限の鋳造権を国民に与えることで、金や銀とその鋳貨は、法定価格と市場価格との裁定取引によって行き来する。これらが、貨幣としての価値の安定性を保つための鋳貨と地金をつなぐ水路の役割を果たしていたのである。

金本位制の下で、紙幣が金と兌換可能な銀行券である場合には、兌換

---

[14] Locke, John [1963]、Harris [2012]、Steuart, James [1998] など、参照。鋳貨論に関するステュアートの考察は、詳細である。

制度によって貨幣価値は安定性を保たれる。市場での地金の価格が法定価格を超えた場合には、銀行券の所有者は銀行券によって金を兌換するからである。

　この金本位制は、自動的な調節機構を持った優れた貨幣システムに思える。しかし、この制度は難点を抱えていた。それは、金の流出に対して対応できないという問題である。すなわち、景気の循環プロセスなど、さまざまな理由で外的な金貨幣の支払いの必要が生じた場合、金の流出それ自体や中央銀行の金の枯渇にともなう金利の上昇により、経済の成長が制約されるという問題を抱えていたのである。経済的な危機の際に金が不足するという事態は、資本主義のシステム自体が金の絶対量によって制限されるという印象を強く与えた。

　こうした問題は、ピール条例によっても解決することはなかった。ピール条例は、イングランド銀行を発行部と銀行部に分け、発行部は政府証券を準備として1400万ポンドまで銀行券を発行することが認められた。そして、その額を超える部分については完全な金準備を必要とした。ピール条例による金本位制の確立と言われるのは、1400万ポンド以上の部分についてである。

　この制度の下で、必要な時に金が足りないという問題が生じた。輸入が増え、対外的な支払いの必要から金が流出すると、銀行券の発行を減らさない限り、対外的な支払いに金を使用することができなくなるのである。1400万ポンド以上のイングランド銀行券を発行しても、完全な金準備を必要とするという制度のせいで、金が対外的な支払いに必要な時に金が使えないのである。

　イギリス以外の諸国は、銀行券発行残高の一定比率、例えば、30%を金準備とするような制度を用いている（アメリカは長く1968年まで25%）。この場合の問題について、ハロッドは「辻馬車駐車場の誤り（cab rank fallacy）」（*Ibid*., p.44, 54頁）、として紹介している。

　「1億単位の銀行券の発行があり、30%準備を必要とする法律に従って、3000万単位の金が保有されているとしたら、1単位の金も銀行券兌換のために使用できない。もし1枚の銀行券が金に兌換されたなら、

銀行券の発行額は 99,999,999 単位に減り、金準備は 27,999,999 単位に減るであろう。しかし後者の額は、前者の 30% 以下であって、法律に違反することになる。」(*Ibid.*, 同前)

現にある 30% 相当の金準備は、兌換には使えない。肝心な時に遊休しているだけなのである。この問題が、「辻馬車駐車場の誤り」と呼ばれるのは、利用者の便のために辻馬車駐車場には常に 2 台以上の辻馬車が配置されなければならない、という法律を決めれば、この 2 台の辻馬車は利用できず、3 台目以上の辻馬車しか利用できなくなるからである。利用者を保護するための制度が、利用者に不便を強いているのである。

金本位制の欠陥は金の量の絶対的な不足と言われている。しかし、こうした問題を踏まえるなら、制度上の問題もあったと考えられる。いずれにせよ、金の対外流出は金本位制の大きな問題であり、金の流出と恐慌は一体となって現れ、その度にピール条例は停止された。

金本位制における金貨幣の管理の問題について見てきたが、金本位制成立以前にも、金貨幣は多くの問題を抱えてきた。金銀の海外への流出問題、金銀比価の変動問題、貨幣発行当局による鋳貨の純度の低下あるいは悪鋳問題、純度の違う鋳貨が同時に流通する問題、摩滅した鋳貨の流通問題、鋳貨の偽造問題など、枚挙にいとまがない。いずれも深刻な問題であり、論争を喚起した問題であったが、その中の一つが「貨幣の不足」と呼ばれる問題である。

この貨幣の不足問題は、貨幣数量説の立場に立っても、必要流通手段説の立場に立っても、本来はあり得ない問題である。しかし、形を変えて貨幣はいつも不足する。

この問題は、17 世紀の偉大なる哲学者ジョン・ロックが、当時の最大の課題として指摘していた問題である (Locke [1963])。ロックは、貨幣数量説の創始者の一人である。貨幣数量説の立場に立つなら、「貨幣の不足」は、貨幣価値の上昇を招くだけで、本来は経済には何の影響もないことになる。むしろ、計算の単位が小さくなる分だけ便利とさえ言える。

しかし、ロックは、重商主義の基本的な政策である貿易差額主義を積極的に支持する。もちろん、重商主義期にとっては、金銀は国家の富であり、ロックはイングランドの国益に沿って理論を作っている。したがって、国内に金銀貨幣を流入させて、重商主義国家として国力を増強させようとしたことは否定できない。しかし、もう一つの大きな理由は、貿易差額主義によって国内に金銀を流入させて、当時の「貨幣の不足」問題に対処するためであった。

　貨幣の不足は、資本主義の生成期特有の流通手段としての貨幣の不足を意味するのか、それとも資金の不足を意味するのかによって、問題の内容は異なってくる。資金の不足であれば、それは貨幣の不足そのものではない。資金をめぐる需給関係の問題であり、利子率に反映する。

　ロックは、利子を貨幣の価値とする見解は誤解であると言う。貨幣の価値は、貨幣の購買力であり、他の商品に対する貨幣の交換価値である。しかも、利子に関しては、ロックは自然利子率を想定していたので、利子を人為的に動かすことには反対であった。

　貨幣の不足問題に関して、アダム・スミスは冷ややかである。貨幣の不足は、貨幣を得るために与えるものを持たない人の言い訳であると考えている。言い方を換えれば、自分に「金がない」ことに対する不平不満である。スミス自身のこの問題に関する立ち入った言及はないが、個人的な貨幣の不足はあっても、社会的な貨幣の不足は生じない、とスミスは考えていると思われる。

　貨幣の不足問題に対するスミスの冷ややかな反応は、彼の必要流通手段量説による。スミスは、流通に必要な貨幣が足りなくなることはないと考えているのである。同時に、流通に過剰な貨幣が入り込むこともないと考えている。一定の規模の市場には一定の量の貨幣が必要であり、保蔵された金や産金部門を媒介に、社会的に必要とされる貨幣量は調整される、と考えていたのである。

　とはいえ、仮に計画的な商品経済の社会を作ろうと思えば、社会には一定の貨幣量が必要なことは、計画作成者の目からみて当然のことである。同じようなことが、資本主義の生成期や急成長期に「貨幣の不足」

として生じたことは考えられる。必要流通手段量説の立場からは、このような一過性の流通手段としての貨幣不足は、あり得ないことではない。

　貨幣経済が浸透する過程で、実物経済から貨幣経済への転換が図られ、そのプロセスでは、例えば貨幣の不足のせいで貨幣で税を支払うことができない、という問題は生じ得るであろう。これは移行期の経済的な摩擦の問題である。

　しかし、ロックは貨幣数量説をとっており、貨幣数量説の立場からは、貨幣が不足すれば貨幣価値が上がるだけである。極端な例では、貨幣が1円だけになれば、1円で国中の商品を買うことができるようになる。貨幣数量説の立場からは「貨幣の不足」の問題は、本来は提起できない。

　とはいえ、ロックの貨幣の不足には、もう一つの理由がある。それは金が貨幣となることによって、商品経済の一般経済的な富となるということである。金は不滅の素材を持つがゆえに、価値の体化物として、不変の価値として保蔵される。

　ロックは、貨幣保蔵手段として蓄積されることで流通手段としての貨幣が不足すると考えているのである。この貨幣の保蔵こそが貨幣の不足の原因であり、利子の引き下げは、この傾向を助長すると言う。利子の引き下げは経済を活性化させるのではなく、貸し手による貨幣の退蔵を助長することによって、経済に悪い影響を与えると言うのである。貨幣の保蔵を避ける。これがむしろロックの最大の課題であった。保蔵された貨幣を如何にはき出させるか。

　この問題は、本来は貨幣の不足の問題ではない。経済活動のための資金の不足の問題である。ロックは、利子を貨幣の価値と見なすことに強く反対しているが、流通手段としての貨幣と資金との連携を考えている。つまり、流通手段としての金が増えれば、それは資金を増やし、金利を下げ、商業と製造業という時代をリードする産業の活性化に役立つと考えていたのである。

　資金の不足は貨幣の不足として現れ、恐慌期にピール条例を危機に陥らせていた。資金も貨幣の姿で存在する。貨幣それ自体の不足も歴史的

にはあり得るが、資金の不足が貨幣の不足として現れたものと考えられる。

　最後に、貨幣の不足の決定的な問題は、国家にある。国家にとっての貨幣の不足問題は深刻である。これは重商主義期でも今でも変わらない。特に、重商主義国家にとって貨幣は国力そのものである。戦時には金と銀の保有量が大きな影響を与える。非常時には、国家は金を渇望する。このことの別の表現が、貨幣の不足と言える。この貨幣の不足は、今で言えば外貨の不足である。経済学は貿易の均衡を説くが、現実の国家は一定の外貨を保有することを望む。現実の経済は、自由主義的な建前と重商主義的な本音の中にある。

　ところで、金貨幣が鋳貨の形態をとらず、個人間の自然発生的な交換のシステムの中で使用される段階から鋳貨のような国家的な制度として維持されるようになると、流通手段としての貨幣金に対する管理が必要となる。

　鋳貨によって、金の重量と純度が管理される。しかし、鋳貨が流通で繰り返し使用されれば、鋳貨は摩滅する。鋳貨の摩滅は重量の減少と同じである。そこで最軽量目規定が決められる。鋳貨制度は貨幣の実体的な価値の保証のための制度であるが、同時に実体的な価値と名目的な価値の乖離の始まりでもある。

　他方、ハロッドの指摘によって見てきたように、金それ自体は商品としても取引され、商品としての金の価格は、日々変動する。法律で決められた公定価格と市場価格の双方が鋳貨となる金や銀について成立する。ここに地金と鋳貨との裁定取引が始まる。金の市場価格が金の公定価格を上まわれば、金鋳貨は地金に変えられ市場で売られる。これによって、より多くの地金が得られ、鋳貨は減る。金の市場価格が公定価格を下回れば、地金は鋳造され鋳貨になる。これによって鋳貨が供給される。金の自由鋳造制度によって、金鋳貨の価値は安定性を保つことができる。鋳貨は自由な鋳造制度によって調整される。

　金に対する需要が増え、金の市場価格が上昇し、この上昇が利潤率の上昇をともなう場合には、産金部門は金を増産する。金の市場価格の上

昇が金鋳貨の購買力の上昇につながる場合には、物価は下落する。したがって、物価の下落と産金部門の増産とは同時に起こる可能性が高い。物価が下落した場合に生産を増やすという点で、産金部門は一般的な生産部門とは逆の動きを示す。

しかし、金の市場価格の上昇が、利潤率の上昇とつながらないこともある。産金生産地での穀物の不作による賃金の上昇や劣等地鉱山の開拓による採掘費用の増加など、何らかの理由で生産費用が増え、金価格の上昇が利潤率の上昇をもたらさない場合は、産金部門は増産しない。金の価値水準の変更になる。古典派の言う自然価格と市場価格の問題ではなく、自然価格そのものの変更である。

逆に、金に対する需要は減り、金の市場価格が下がった場合、産金部門は金の生産を縮小する。しかし、ここに金特有の問題が生じる。産出量はフローだが、金は膨大なストックを抱えている、ということである。金は素材的に不滅なので、古代の金が今の金製品に使われていても不思議ではない。産金部門は利潤率が一定の範囲を超えて低下すれば、金の生産を停止する。机上の理論では、一般的利潤率を下回れば、利潤率の高い部門へと資本移動する。仮に、産金量が完全に停止したとしても、世界にいきわたっている金の現存するストックに対する影響は少ない。

その年に新しく採掘された金も、以前から存在する地金も、保蔵されている金鋳貨も、金製品も、すべてが金と金鋳貨の供給源である。市場における金需要の増大に応じて供給され、市場価格と公定価格の差によって、金鋳貨として供給される。

産金産業の生産の停止は、現存する金量の増加を停止するが、金商品として市場に提供される金の減少を意味するわけではない。産金部門は、金の供給源の一部であり、金の需給関係のすべてが産金部門によって調整がとられているわけではない。この点は、消費によって素材が消滅しないという金の特殊性の問題であり、産金産業はこの特殊性の下で生産活動を行っている。

第 2 節　政策としての貨幣数量説

　貨幣数量説の論争において、ある研究者が貨幣数量説をとっていたかどうかについては、多くの誤解がある。アダム・スミスについては、リカードウやフィッシャー (Irving Fisher, 1867-1947) が、貨幣数量説の論者としているが、スミスは貨幣数量説ではなかった、と言うことで現在の評価は定着しているものと思われる (Laidler [1991])。初期の『法学講義』(Smith [1978]) におけるスミスは労働価値論を採用しておらず、貨幣価値論としては貨幣数量説を受け入れる余地はあったが、『国富論』(Smith [1981])、特に貨幣価値論においては、支配労働価値説を尺度標準とする労働価値論の立場は明確であり、この価値論を踏まえて、貨幣数量説とは反対の見解を示している[15]。リカードウの場合は、異論もあるが (Glasner [1985])、貨幣数量説の代表的異論者として、その評価は定着している[16]。

　リカードウの貨幣数量説の最大の問題点は、次のことにある。すなわち、貨幣数量説は、貨幣には内在的で固有の価値はないという貨幣価値論を前提とし、その上で貨幣の価値は需給関係で決まる、と説く。貨幣商品に、生産費のような内在的な価値を仮定すれば、貨幣価値は変動しても収斂の重心点を持つことになる。これに対し貨幣数量説は、貨幣量が増えれば貨幣価値は限りなくゼロになり、貨幣量が減れば貨幣価値は限りなく無限大になるとみなす。古典派の自然価格のような貨幣の内在的な価値を認めれば、貨幣数量説とは馴染まないのである。

　貨幣の価値は完全に需給関係だけで決まるという貨幣価値論を、貴金属貨幣について当てはめるのが貨幣数量説であった。しかし、古典派は、貨幣に内在的な価値を認める。生産費や労働価値論にもとづく価値論を、商品と同様に金や銀貨幣に適用するのである。特にリカードウは労

---

[15] スミスと貨幣数量説の関係については、奥山 [2011b]、参照。
[16] シュンペーター (Joseph Alois Schumpeter, 1883-1950) の評価が代表的なものである。(Schumpeter [1954])。

働価値論の代表的な論者であり、純粋な投下労働価値説を唱えている。貨幣数量説の代表者であると同時に労働価値論の代表者であることは、本来は不可能なはずである。これが「リカードウの貨幣数量説」の大きな問題であった。

　リカードウにとっては、労働価値論と貨幣数量説の関係は入り組んでいる。しかし、結論から言えば、リカードウは地金論争に参加した初期の理論においては、明確に貨幣数量説をとっていた。貴金属貨幣についても紙幣についても同様である。しかし、地金論争期には、リカードウは労働価値論を確立していない。

　彼の主著である『経済学および課税の原理』(*On the Principles of the Political Economy and Taxation* 1st 1817, 2nd 1819, 3rd 1823) において、労働価値論を明確な形で提唱するとともに、貴金属貨幣に関しては、貨幣数量説は放棄される。

　そして、貨幣数量説は紙幣に関して維持され、紙幣の価値を管理するための確実な方法として主張されるのである。紙幣それ自体は価値を持たないので、貨幣数量説が前提とする価値論と適合していたのである。

　リカードウは晩年、イングランド銀行に代わる国立銀行の設立を模索するが、その草案である「国立銀行設立試案」のポイントは、紙幣に関する貨幣数量説の有効性を前提にした政府紙幣の発行であった（奥山[2013]、参照）。

　以下、内容に立ち入る。

　リカードウが経済学に関わりを持ち、論壇に登場したのは、いわゆる地金論争においてであった。ナポレオン戦争期にイングランド銀行は金の兌換停止に踏み切る（1797）。唐突に不換紙幣となったイングランド銀行券の下で、徐々に物価は上昇し、不換紙幣化した銀行券は金に対しても値を下げる。これが金価格の上昇問題である。

　兌換停止前のイングランド銀行は、金1オンスについて3ポンド17シリング10・1/2ペンスのレートで、無制限で無料の自由鋳造制度をとっていた。これが金の公定価格であった。兌換停止後しばらくは、金価格は安定していた。しかし、1801年1月に4ポンド6シリングに高

騰し、一旦旧水準に戻る。そして、1809年に再度急騰し、7月4日に4ポンド12シリング10・1/2ペンスになる。同時に、金の騰貴は、ポンドの為替相場の下落をともなう。

地金論争に関与したリカードウは、金価格の上昇の原因をイングランド銀行の兌換停止とその後の不換紙幣となったイングランド銀行券の過剰発行に求めた。この理解は、紙幣に関して貨幣数量説を受け入れていたことを物語る。しかし、貴金属貨幣についてはどうか。以下、リカードウの金や銀の貴金属貨幣に関する貨幣数量説に関係する代表的な文言を抜粋する。

まず、「ボウズンキト氏の『地金委員会報告書にたいする実際的観察』への回答（1811）」では、「もし鉱山が貨幣の量を2倍にするならば、鉱山は貨幣の量と同じ割合で貨幣の価値、を低下させるであろう」(Ricardo [1951d], p.217, 256頁)、と言う。そして、これに関連した注の中では、「諸商品の価格が、貨幣の増減に比例して上下するであろうということを、私は、議論の余地のない事実として前提する」(*Ibid.*, p.193, 228頁)と断言する。

さらに「ベンタム『物価論』評注」では、「私は最近40年間における貨幣価値の低落の原因を、貨幣材料である金属の量的増加に帰しているのだから、これからの40年間における貨幣価値の同様の低下をいうには新たな貴金属の鉱山を発見しなければならない。」(Ricardo [1951e], p.269, 317頁)、と言う。

この二つは代表的な文言と言える。すなわち、地金論争期、論壇に登場した時のリカードウは、貴金属貨幣に関しても紙幣に関しても、明確に貨幣数量説の信奉者であった。

この時期、リカードウは労働価値論を確立していない。問題は労働価値論と貨幣数量説との関係である。労働価値論の成立期にあたる「経済的でしかも安定した通貨のための提案（1816）」では、次のように言う。まず、紙幣に関しては、明確に貨幣数量説の立場をとる。代表的な文言は以下の箇所である。

「紙券が金属通貨に対して持っている長所の一つとして、・・・商業

および一時的な事情の必要に応じて、その数量が容易に変更されうるということである、これによって、貨幣の価値を不変に保つという望ましい目的が、他の方法によって実現できる程度までは、安全にしかも安価に達成されうるのである」(Ricardo[1951f], p.55, 66頁)。

「紙幣の使用にともなうあらゆる他の利益のほかに、なお数量を慎重に管理することによって、あらゆる支払いを履行するための流通媒介物の価値に対して、他の方法によっては到底得られないような価値の普遍性を確保される」(*Ibid.*, p.58、68頁)

ここで紙幣に関する貨幣数量説は、紙幣管理のための政策の手段として明確に位置づけられている。この政策の妥当性の是非は別として、後の議論からすれば、リカードウの大きな功績と言える。他の引用も示すように、貨幣数量説が正しいとすれば、貨幣は貴金属よりも紙幣の方がよいと考えられていたのである。紙幣それ自身は、内在的価値を持たないからである。そこで人為的な貨幣管理の手段として紙幣が位置づけられ、理論的根拠が貨幣数量説におかれていた。

また、貴金属貨幣に関する次の箇所は、リカードウの考えの変化を物語る。

「銀の採掘が困難になったため銀地金が2倍になったと仮定しよう、・・・そうすると、その場合の貨幣の必要量は以前の半分にすぎなくなるであろう」(*Ibid.*, p.56, 67頁)。

これは、銀貨幣の価値は、銀貨幣の数量ではなく、採掘の困難や投下労働によって決まることを説いている。貨幣数量説とは、全く逆の考えである。

リカードウの紙幣論は、ジェームズ・ステュアートを意識したものである。ジェームズ・ステュアートは、1767年に大著『経済学原理』を刊行する。この中で当時の最大の問題の一つである不変尺度論争に回答を与えるために新しい貨幣論を展開する。ステュアートは、それ自身価値のない紙幣の中に、不変尺度としての貨幣の理念を見ていたのである。言うまでもなく、その後の貨幣の歴史からは、紙幣の中に不変の価値尺度を見い出すことはできない。

しかし、ステュアートの理念的な貨幣の考え方は、リカードウの中に受け継がれる。
　「この特定の本位を持たない通貨の概念を最初に提唱したのは、私の信ずるところによれば、サー・ジェームズ・ステュアートである。(注：鋳貨と貨幣の問題に関するサー・ジェームズ・ステュアートの著作は教訓に富んでいる。・・・リカードウ) しかしながら、そのように組織された貨幣の価値の不変性を確かめうる基準を提供することは、いまだかつて誰もなしえなかったのである。」(Ibid., p.69, 70頁)
　ステュアートは、貨幣数量説による紙幣の管理を考えていない。むしろ貨幣数量説に対する本格的な批判者である。貨幣量と需要とはステュアートにとっては別のものであり、価格に影響するのは需要にもとづく現実の購買だからである。貨幣量の増加は需要の増加に結びつくとは限らないので、貨幣数量説は一般的な原理としては成立しない、というのがステュアートの見解である。
　しかし、リカードウはステュアートの貨幣数量説批判は受け入れずに、ステュアートが紙幣の中に見ていた不変尺度としての理念的な貨幣像を受け止め、これを紙幣に関する貨幣数量説によって政策的に実現しようとしていたのである。
　貨幣数量説が正しいとすれば、貨幣量の管理は極めて容易になる。貨幣数量説について、フィッシャーの交換方程式を用いる。経済学でもっとも知られた $MV=PT$ である。M は貨幣量、V は貨幣の流通速度、P は価格、T は取引量である。貨幣数量説は、貨幣量の変化を独立変数とし、これを原因と考える。物価の上昇は、従属変数であり、結果である。
　M と V の積は、購買の総量であり、P と T の積は、販売の総量である。一定期間の購買の総量と販売の総量は常に等しい。これは自明である。この式は常に成り立つ式であり、批判の余地はないことになる。
　ここで V と T とが一定であるなら、貨幣量の増加は比例的に物価を上昇させる。これをそのまま政策手段とすれば、物価を2%上昇させるためには、貨幣量を2%増やせばよいことになる。交換方程式が自明の式であり、貨幣数量説は機械的に成立する。しかも貨幣数量説は、貨幣

量の変化が独立して生じると考えているので、そのまま政策手段となる。完全な紙幣管理が可能となるのである。

また、リカードウは、銀行券と地金との兌換制度を提案したりもしている。地金は実質的には流通できないので、これは紙券中心の鋳貨システムへの布石でもあった。しかし、貨幣価値の安定を図ることはできても、経済的なパニックは別である。そもそもパニックに対応できる銀行システムは存在しないというのである（*Ibid.*, p.68, 80-81頁）。これは至言である。

リカードウは主著『経済学および課税の原理』において、投下労働価値説を確立し、金の価値に関して次のように言う。

まず、金や銀の価値についても他の商品と同様、労働時価値論を適用する。その上で、『原理』「第27章 通貨と銀行」では、貨幣「数量と価値とを左右する一般法則」（*Ibid.*, p.352, 404頁）について次のように言う。リカードウと貨幣数量説との関係を示す典型的な箇所である。

まず、金や銀の価値については、労働価値論が適応される。

「金および銀は、他のすべての商品と同様に、それを生産して市場にもたらすのに必要な労働量に比例した価値を持つにすぎない」（*Ibid.*, 同前）。

「一国に必要とされる貨幣の量は、労働によって決められた貨幣の価値によって決まる」（*Ibid.*, 同前）のである。

その上で、貨幣価値と貨幣量の関係については、次のように記述されている。

「通貨はけっしてあふれるほど豊富になることはありえない、というのはその価値を減少させれば、それと同じ割合でその数量が増加するし、その価値を増加させれば、その数量が減少するからである」（*Ibid.*, 同前）。

この引用箇所の趣旨は明確である。貨幣数量説であれば、貨幣の量が貨幣の価値を決めると考える。しかし、引用におけるリカードウは、貨幣の価値が市場における貨幣の量を決めると説明している。市場の規模の方が必要貨幣量を調整する、と考えているのである。

貨幣が市場からあふれ出ると考えるかどうかが、貨幣数量説であるかどうかの一つの分かれ目になる。貨幣数量説では、貨幣が市場からあふれ出ることはない。貨幣価値が下がり続けるだけである。市場は無限に鋳貨を受け入れる。先の引用箇所でのリカードウは、過剰な貨幣は市場からあふれ出ると考えているのである。
　『原理』でのリカードウは、過剰な鋳貨は鋳つぶされたり海外に送られたりして調整されると考えている。この見解は、貨幣数量説と対極に立つ必要流通手段量説である。
　他方、紙幣の価値については次のように述べる。
　「紙幣の全製作費は鋳造手数料とみなされるであろう。それは少しも内在的価値を持たないのだけれども、しかもその数量を制限することによって、その交換価値は、相等しい呼称の鋳貨、またはその鋳貨に含有される地金と、同じ大きさになる」(*Ibid.*, p.353, 405-406 頁)。
　紙幣は内在的価値を持たないことで、貴金属貨幣とは異なり、需給関係で価値が決まる。したがって、紙幣の数量を制限することで、金鋳貨の価値と同じように紙幣の価値を維持することができる、と考える。
　そして、リカードウは、金本位制を維持しつつ実質的には兌換しないシステムを理念として提唱する。
　「これらの原理にもとづいて、紙幣はその価値を確保するために正貨と兌換しうるものでなければならないという必要はない、ということが分かるであろう。ただ、その本位として布告されている金属の価値に応じて調整されるべきである」(*Ibid.*, p.354, 407 頁)。
　紙幣に関する貨幣数量説が完全な理論であるなら、金や銀の貨幣は何のために必要となるのか。リカードウは、次のように言う。
　「経験の示すところでは、国家にしろ、銀行にしろ、それがかつて無制限な紙幣発行権を持った場合には、いつでもその発行権を濫用した。それ故に、すべての国家において紙幣の発行は何らかの制限および統制の下におかれるべきである。そしてその目的のためには、紙幣の発行者に、その銀行券を金貨または金地金のいずれかで兌換すべき義務を負わせるのが、もっとも適当であると思われる」(*Ibid.*, p.356, 409 頁)。

現実的には、発行主体は発行権を濫用する。兌換制度は発行主体を制約するために必要となる、と言うのである。極端に言えば、兌換制度は、本当はなくてもよいのだが、発行主体の自己規制能力に問題があることから必要となる。リカードウには、人間の紙幣管理能力への不信と紙幣に関する貨幣数量説への確信が同居していたと言える。

「国立銀行設立試案（1824年6月刊行、1823年7-8月執筆）」(*Plan for the Establishment of a National Bank*) では、リカードウは、政府紙幣を積極的に推奨する。イングランド銀行は、発券と貸付という「互いになんの必然的関連もない2つの業務」(*Ibid.*, p.276, 332頁) を行っているが、「もしも政府が、イングランド銀行から借り入れる代わりに、自身で独占的に紙幣を発行するならば、・・・イングランド銀行は、もはや利子を受け取らないであろうし、政府はもはや利子を払わないであろう。・・・現在ロンドンで流通している1600万の紙幣が、政府の手で発行されようと、一銀行の手で発行されようと、何の違いもないからである」(*Ibid.*, p.277, 333頁)、と言う。

イングランド銀行券の発行に代えて、国立銀行による政府紙幣の発行を提唱するのである。リカードウの提案は、なによりも「5人の委員を任命し、この国の紙幣全部の発行権をこの人々だけに委ねるべきである」(*Ibid.*, p.285, 342頁)、と言うことにある。ただしこの場合にも、「ロンドンの委員は、標準的な純度の金を、いくらでも買う義務を負うべきである」(*Ibid.*, p.288, 347頁)、とされ、「国立銀行設立の瞬間から、委員たちは、要求があり次第、政府紙券や手形を金貨で支払う義務を負わせられるべきである」(*Ibid.*, p.289, 347頁)、と言う。

金本位制を背景とした政府紙幣の流通が提案されていたのである。これは、「国立銀行設立試案」、リカードウの貨幣数量説、それに金兌換制度研究が統合したものであり、リカードウ貨幣論の成果の結実したものであった。

この国立銀行論は、政策手段としては極めて興味深い。現在はほとんどの国の中央銀行は、形式的には民間銀行である。アメリカのFRBも含めて、各国の中央銀行は株式会社である。日本銀行も例外ではない。

中央銀行券は国家によって受領の義務を負わされているので国家の関与の下に流通しているが、政府紙幣ではない。支払いの義務のない奇妙な債務である。形式的には日本銀行が日本銀行券の所有者に対して負っている借金である。したがって、信用を得るために日本銀行の資産を担保に銀行券が発行されている。

リカードウがイングランド銀行に代わる国立銀行の設立を試みたように、日本銀行が国立銀行になれば、事態は大きく変わる。現在、日本銀行は大量の国債を購入しているが、金融機関からの購入の対価は、金融機関が日本銀行に持つ口座の預金残高の増加になっているだけである。現実の日本銀行券が印刷されているわけではない。現在、民間銀行が持つ日本銀行の口座の中には大量の預金が眠っている。使用されずにおかれているので「ブタ積み」という隠語で呼ばれている。

極端な例では、日本銀行が国債を買い切った段階で日本銀行を国有化すれば、国債は消えるのである。ブタ積み状態が続く限りは、インフレの心配もない。

中央銀行の国有化論は、リカードウから200年の時を超えて、検討の価値のある提案となっている。

第3節　必要流通手段量説

リカードウの貨幣数量説は、金貨幣に関しては放棄され、紙幣に関しては、むしろ積極的な貨幣価値管理の手段として位置づけられていた。貴金属貨幣に関しては、商品流通の方が決定要因であり、貨幣量はこれに合わせて、自由鋳造制度や産金部門の対応を通して調整されると考えるのである。トゥークの膨大な実証研究『物価史』(Tooke [1998])はこの考えに立つ。

このリカードウの見解を継承し、必要流通手段量説として定式化したのがマルクスである。必要流通手段量説は、貨幣数量説の対極に立つ。

マルクスは、商品流通界には必要な流通手段量が存在すると考える。これはもちろん、マルクスに固有の理論ではなく、スミスをはじめ多く

の論者が論じてきたことである。必要流通手段量とは、経済がなめらかに進行するために必要で適正な貨幣量という意味である。特に市場経済の確立期には、購買手段としての貨幣そのものが不足し、現物での交換が余儀なくされるような文字どおりの貨幣不足の局面もあったと思われる。

マルクスの場合、こうした必要流通手段量は労働価値説との関係で導かれる。

「商品世界の流通貨幣のために必要な流通手段の量は、既に諸商品の価格総額によって規定されている。実際、貨幣は、ただ、諸商品の価格総額で既に観念的に表わされている金総額を実在的に表わすだけである」（Marx［1971a］, S.131, 198頁）

マルクスの見解は、この引用に集約される。マルクスの場合、商品の価値は労働時間によって決定されている。貨幣である金も、その価値は労働時間によって決定されている。そして商品の価格は、商品と貨幣との価値量の等価性を反映すると考えられている。したがって、流通手段として機能する貨幣量は、商品の価格総額によって決まるのであって、逆ではない、ということになる。貨幣数量説批判としては、貨幣数量説のように貨幣量の増加が商品価格の上昇をもたらすのではなく、商品価格の上昇が貨幣量の増加をもたらす、と言うのである。マルクスが示す流通必要貨幣量の等式は次のようになっている。

諸商品の価格総額／同名の貨幣片の流通回数＝流通手段として機能する貨幣の量

この式は、マルクスの場合、あくまでも必要貨幣量を算出するための等式である。なぜなら、商品の価格総額の方は、労働によって決定された価値の表現であり、価値は交換によって決定されるものではないからである。

貨幣の流通回数あるいは流通速度は、相殺要因として働く。すなわち、マルクスにとっては、例えば商品価格総額の増加が流通回数の増加によって相殺されれば、そのまま流通手段量の増加につながることはない。

貨幣数量説の場合には、貨幣量の増加が貨幣の流通速度の減少をともなえば商品価格の上昇は相殺されることになる、ということが低く評価される。貨幣数量説が成り立つためには、貨幣の流通速度が一定という条件が必要になるのである。そして、流通速度が一定という条件の下では、貨幣量が増加すれば、商品価格が上昇するという関係が導かれる。貨幣数量説では、商品価格の前提となる商品価値が労働によって決定されないからである。

　したがって、マルクスと貨幣数量説との対立点は、貨幣の価値概念にある。この限りでは、マルクスの労働価値論そのものが、彼の貨幣数量説批判を導いていたと言える。マルクスは自説を次のように要約する。

　「流通手段の量は、流通する商品の価格総額と貨幣通流の平均速度によって規定されるという法則は、諸商品の価値総額が与えられていて、それらの変態の平均速度が与えられていれば、通流する貨幣の量は、その価値によって決まる、というように表現することもできる」(*Ibid.*, S.136-137, 207頁)

　マルクスは、必要流通手段量説として、ペティ (Sir William Petty, 1623-1687) とスミスをあげている。

　ところで、貨幣としての金の存在量はその年の生産物ではなく、そのほとんどが、それまでに産出された金のストックである。有史以来のストックといっても過言ではない。年々加えられる金量は微々たるものにすぎない。また、金は装飾品や工業原料等にも使用されており、それらはいつでも溶解されて貨幣に転換される。マルクスは、こうした特徴を持つ金貨幣の価値も商品と同様に労働によって決定される、と考えている。

　「商品の流通部面には一つの穴があって、そこを通って金（銀、要するに貨幣材料）は、与えられた価値のある商品として流通部面に入ってくる。この価値は、価値尺度としての貨幣の機能、したがって価格決定に際しては、既に前提されている」(*Ibid.*, S.131, 199頁)

　流通部面の「一つの穴」とは、地金や原産地からの金の流入であり、この金と商品との交換が貨幣としての金の価値を決めると考えているの

である。したがって、貨幣が商品の価格に影響するのは、貨幣量の変動ではなく、貨幣の価値変動ということになる。そしてマルクスの場合、貨幣価値の変動とは、労働によって決定された貨幣価値の変動である。例えば、豊度の高い鉱山からの金の流入は、金量の増加が原因となって商品価格を上昇させるのではなく、追加された金が、豊度が高く生産性が高い鉱山から産出されたために価値が小さくなり、この結果として商品価格が上昇するということになる。このようにして、労働価値論が貫かれるのである。

　流通手段を補強するものが貨幣の貯水池である。マルクスは、媒介物として登場する貨幣が無限の蓄積の対象となることを重視する。「貨幣蓄蔵の衝動はその本性上、無際限である」(*Ibid.*, S.147, 226頁)

　貨幣蓄蔵は、流通界からの貨幣の引き上げによっても生じるが、金銀をそのまま所有したり、装飾品として所有したりすることによっても生じる。金や銀の貨幣の場合には、溶解によっていつでも鋳貨に戻ることができる。同じ商品貨幣でも、家畜や布やタバコなどとはこの点で大きく異なる。金鋳貨の形態をとっていなくてもかまわないのである。

　蓄蔵貨幣や「貨幣の潜在的な供給源」は、マルクスによれば、必要流通手段量と密接に関係した経済的に重要な機能を果たす。

　「商品流通が規模や価格や速度において絶えず変動するのにつれて、貨幣の流通量も休みなく満ち引きする。だから貨幣流通量は収縮し膨張することができなければならない。ある時は貨幣が鋳貨として引き寄せられ、ある時は鋳貨が貨幣としてはじき出されなければならない。」(*Ibid.*, S.148, 227頁)

　「この条件は、貨幣の蓄蔵貨幣形態によって満たされる。蓄蔵貨幣の貯水池は、同時に、流通している貨幣の流出および流入の水路として役立ち、それ故、流通する貨幣は、その流通水路からあふれ出ないのである」(*Ibid.*, S.148, 227頁)

　蓄蔵貨幣が、流通必要貨幣量の調整役を果たす、と言うのである。

　この点、マルクスは、リカードウと同様に、貴金属貨幣についての必要流通手段からの貨幣数量説批判の立場にある。その論拠は、貨幣であ

る金は内在的な価値を持ち、この価値を基準に、必要流通手段量が、産金部門や地金と金鋳貨との鋳造と溶解によって調整されると考えていたことによる。しかし、このことは一転して、それ自身に価値のない貨幣である紙幣については、それが必要貨幣量を越えた場合、貨幣数量説の適用範囲になる、という見解につながる（第2章、参照）。

第 5 章　外生説と内生説

　「革命」や、「反革命」という用語は、政治の世界だけではなく、経済学の世界でも使用される。ケインズ理論は、古典派経済学に対する「革命」と呼ばれ、フリードマンのマネタリズムは、ケインズに対する「反革命」である。こうした使用法は、あながちアカデミズムのジョークではない。

　ヨーロッパにおいては、時代の底流に社会主義があり、ソビエト連邦が社会主義を唱えて現に存在していた。国内的にも労働組合の力は強く、政治にも強い影響を及ぼしていた。この時代背景からすれば、完全雇用を目指すケインズは「革命」の側にあり、市場の機能を信奉し、古典派の理論と言われていた貨幣数量説を復権させるフリードマンは、「反革命」であった。

　本章では、フリードマンとカルドア（Nicholas Kaldor, 1908-1986）を扱う。貨幣供給に関する、いわゆる外生説と内生説の対立の発端を明らかにするためである。

第 1 節　貨幣数量説の復権

　ケインズ経済学とマルクス経済学が主流であった時代には、貨幣数量説は旧い学説であった。ケインズも貨幣数量説から脱却する方向で理論を進め、基本的には貨幣数量説を否定する方向にあった。マルクスは貨幣数量説否定の立場にあった。

　フリードマンの貨幣数量説は、古典的な経済理論の復権であり、政治的には保守主義の復権であった。

　フリードマンは、貨幣数量説の考え方の大前提として、フィッシャー

のいわゆる交換方程式 MV = PT やケンブリッジ方程式 M = kPy（M：貨幣量、V：貨幣の流通層速度、T：取引量、k：所得に対して貨幣が保有される比率いわゆるマーシャルの k、P 価格、y：実質国民所得）の性質について、次のように言う。

「もし V が方程式における他の数値を与えて算出される数値として定義されるならば、数学的な恒等式とみなされてよい。・・・けれども貨幣数量説は何かそれ以上のものであった。それは物価の変動が、事実上、流通速度の独立的変化によって引き起こされるよりも、むしろ貨幣ストックの変化によって引き起こされるという主張であった。」(Friedman [1964], 200 頁)

貨幣数量説は、貨幣量と物価の比例関係を指摘するだけの理論ではない。貨幣量の変化が物価を変えると説く理論である、と理解するのである。フリードマンにあっては、貨幣量の変化は外生的に扱われるので、「外生説」と呼ばれる。引用では、明確に、貨幣数量説は貨幣量の変化が原因で価格の変化を結果とする理論として受け止められているのである。

以下、フリードマンの貨幣数量説の基本的な論文である「金融政策の役割 The Role on Monetary Policy（Friedman [1968]）」によって、フリードマンの貨幣数量説の基本的な考え方を見ていく。

1960 年代の後半、フリードマンの掲げる主要な経済課題は、雇用、物価の安定、成長、であった。

第 2 次世界大戦後の復興と経済成長の中で、完全雇用政策にともなうインフレーションが大きな課題であった。こうした政策課題は、国際的にはアメリカを軸とした資本主義世界とソビエト連邦の存在を軸とする社会主義圏との東西の冷戦、国内的には社会民主主義政党や労働組合との対立という政治状況からもたらされたものと考えられていた。

先進資本主義国におけるケインズの政策、すなわち完全雇用・福祉国家の政策は、新しい資本主義による社会主義との対抗策として受け入れられていた。この時期、強い組合の存在によって賃金は下方硬直的であり、インフレーションは日常生活の中で常態化していた。フリードマンの理論は、こうしたケインズ政策を否定するものであった。そして、古

典派からケインズへの経済学の流れを経済学の発展と受け止めることに異議を唱えるものでもあった。

現在は、多かれ少なかれ、フリードマンの政策が主流となって、経済政策に強い影響を及ぼしている。政治状況としても、東欧社会主義は既に崩壊し、労働組合の力も後退している。賃金の下方硬直性よりも、わが国においては、むしろ賃金の低下や非正規雇用の増大が社会問題となっている。国際的には、福祉国家によるインフレーションよりも貧富の格差の方が大きな問題となっている。

現在、先進国においては、インフレーションの問題はしばらく忘れられていた問題である。むしろインフレーションからの脱却ではなく、デフレーションからの脱却が政策課題となっている。高い成長も先進国経済にとっては過去のことである。経済の低迷からいかに脱出するかが、最大の政策課題である。

フリードマンが登場した1950年代と現在とは、時代背景も、政策課題も、大きく異なっている。貨幣数量説はいまでも主流学説ではあるが、フリードマンの貨幣数量説の形成から既に50年の時が流れている。

フリードマンのこの論文によれば、ケインズの登場以前においては、金融政策への無力感が広まっていたと言う。その前提にあるのは、第1次世界大戦で停止されていた金本位制への復帰の経緯にある。

フリードマンは、なによりも、1920年代後半の実質的な金為替本位制にもとづく再建金本位制が期待はずれであったと言うのである。再建金本位制は、新しい金本位制であり、これによって、景気循環のない時代の到来を期待させるものであった。それにも関わらず、1929年の世界大恐慌によって、この思い込みが打ち砕かれた、と言う。

フリードマンによれば、その教訓は、金融政策はインフレーションを止めることはできても、景気の後退を止めることはできない、と言うことにあった。

ケインズ貨幣論のポイントとなる論理である「流動性の罠」は、利子率が低下し、流動性選好が無限大に近い時には、利子率を操作する金融政策は無力となることを示していた。したがって、流動性の罠の状態で

は、金融政策は、不況から脱却するための経済政策としては有効性を失い、政府による財政政策が不可欠となる。財政投資によって民間投資の不足を補うことで、景気を好転させることが可能となる。財政政策の重要性がケインズによって明らかにされたのである。

ケインズのこうした政策が広まると金融政策は陳腐化する。そして、財政政策の有効性を前提に、低金利政策が広範に採られるようになる。しかし、フリードマンによれば、これがインフレーションの常態化を生み、金融政策の有効性を復権させるきっかけになった、と言う。

それは、利子率が政策的な有効性を失っても、貨幣量そのものの変化は経済に影響を与えることができるという考えにもとづく。マネタリズムの復権の可能性はここにあった。利子から貨幣量へと転換することで、金融政策は復権するのである。

また、フリードマンのもっとも重要な論点の一つは、1929年に勃発した世界大恐慌に関しても認識を改める必要がある、と言う点にある。この時期、ケインズやエコノミストたちが信じていたのは、通貨当局が金融拡大政策を採ったにもかかわらず大恐慌が発生した、という事実認識であった。しかし、フリードマンの実証研究によれば、事実は違う。貨幣は、恐慌期間中に3分の1も減少した。したがって、貨幣量の減少こそが大恐慌の原因であったと言うのである。

フリードマンは、ケインズ的な財政政策を批判する。その理由は財政政策の有効性に関しての幻滅というよりも、財政政策の現実性あるいは政治的な実現可能性に関する幻滅であり、加えて経済的な効果が現れるには時間がかかる点にある、と言う。

フリードマンは、金融政策としての利子率の有効性に疑問を投げかける。確かに、一般には貨幣量の増加は利子率の下落をもたらすと考えられている。しかし、フリードマンによれば、貨幣量の増加のスピードを上げると、確かに最初のインパクトとしては利子率を多少下げることができる。しかし、この効果はいつまでも続かない。そこで一層、貨幣量の増加率を上げると、利子率が下がり、一方では投資が刺激され、他方では現金残高が過剰になることで支出が刺激される。支出増の刺激に

よって所得が増加すれば、貸付需要も増え、最終的には価格が上昇する。しかし、価格の上昇は、結果的には貨幣の実質量の減少に帰結する、と言うのである。

フリードマンは、貨幣量の増加による利子率の低下、利子率の低下による需要の増大、需要の増大による価格の上昇、その結果としての貨幣の実質価値量の低下のプロセスは、1年ぐらいで利子率を反転させ、1—2年で元の水準の利子率に戻ると言う。そして、経済には行き過ぎの局面があるので、利子率を低くする政策が一時的には利子率を高める可能性さえある。つまり、貨幣の増加が利子率を高める局面があると言うのである。

この最後の状態では、貨幣量の増加と利子率の上昇が併存する。物価は上昇し続け、これが持続的に上昇するという期待が定着する。これに合わせて名目利子率も上昇する。フリードマンは、フィッシャーに依りつつ、この物価上昇の期待を完全に除去するのには数十年かかる、と言う。

そして、通説とは逆の整理を行う。すなわち、経験的に言えば、低い利子率は、貨幣量の上昇が緩慢であったという意味で金融政策が緊縮的であったことの証拠であり、高い利子率は、貨幣量が急激に増加した結果であるという意味で金融政策が緩和的であった証拠である、と言う。

フリードマンの説明では、金融引き締めのデフレ的な金融政策をとることで金利を低くし、金融緩和のインフレ的な経済政策をとることによって金利を高く保つことができる、と言うことになる。通説に対しては逆説的である。そして、利子率は、金融が緩和的か緊縮的かの判断にはふさわしくなく、貨幣量の変化率に着目する方が優れている、と言うのである。

フリードマンは、ヴィクセル（Johan Gustaf Knut Wicksell, 1851-1926）の自然利子率と名目利子率の概念を使えば、インフレーションによって市場利子率は自然利子率より低くなり、デフレーションによって高くなると言う。そして、フィッシャーの名目利子率と実質利子率の区別によって、次のような因果系列を示す。

インフレーションによって、一時的に市場利子率が自然利子率より低く抑えられたとする。しかし、インフレ期待が広まると、自然利子率自身が次々と上昇する。市場利子率を低くするためのさらなるインフレーションが必要となる。この逆に、市場利子率が当初の利子率を上回るようにするためには、たんなるデフレーションではなく、より急速なデフレーションが必要となる。

　利子率に自然利子率の概念を想定し、この自然利子率を基準に市場利子率が変動すると仮定する。そうすると、インフレーションの持続によってインフレ期待が定着し、このことで自然利子率自体が上昇する。このため、市場価格を自然価格以下に抑えるには、いっそう大規模なインフレ政策が必要となると考えるのである。逆の場合は逆である。

　利子率に自然利子率を想定するのと同じように、フリードマンは、失業率に自然失業率を想定する。この自然失業率は、フリードマンの説明によれば、ワルラスの一般均衡方程式体系に、労働および商品市場の現実の構造的特徴が織り込まれる時に生み出される水準である、と言う。

　ここで言う「現実的」な特徴の中には、市場の不完全性、需給の確率的変数、求人求職のための情報収集コスト、さらには移動のコストなどが含まれる。労働組合の存在も入っている。そして、さらにその内容について、失業者数と求人数が等しいことではないという補足説明もされている。ここで使われている「自然」という意味は、貨幣政策からの影響を区別するための用語であると言うのである。

　失業の問題に関しては、物価と失業率をトレード・オフと考えるフィリップス曲線が通説であった。フリードマンはこれを、貨幣の増加は雇用を促進し、貨幣の縮小は雇用を減少させると考える理論と見て批判する。

　フリードマンによれば、フィリップス曲線の根本的な欠陥は、名目と実質を区別しないことにある。当時のブラジルのような高いインフレ率の場合、労働力の超過供給は、賃金の絶対的減少ではなく、期待された物価上昇ほどには名目賃金は上昇しないという形で現れる。ブラジルでインフレ率を75％から45％に下げることに成功した時には、失業率は

初期には急上昇した。賃金上昇率の方は、75%よりは低くても、45%までは下がらなかったからである。フィリップス曲線のようにはいかなかったのである。

　当局が、市場失業率を自然失業率より低く抑えようとして、貨幣量を増加させたとする。当初は、物価も賃金も上がらずに生産量も雇用も増大する。しかし、販売価格は生産要素価格より早く上昇し、実質賃金は下落する。ここで一般的に従業員は自分の受け取る賃金を以前の物価で比較するので、従業員から見て期待される実質賃金は上昇する。雇用主に対する実質賃金は事後的に下落し、従業員に対する実質賃金は事前的に上昇するため、雇用が促進される。

　しかし、すぐに物価の上昇に気づき、従業員はより高い名目賃金を求める。市場失業率は自然失業率以下になる。労働力の超過需要により、実質賃金は当初の水準に向かって上昇する。実質賃金の上昇は失業率を低下から上昇へと向かわせる。失業率は以前の水準に戻る。利潤率と同じように、加速度的なインフレによってのみ失業率は自然失業率よりも低く抑えられる。逆に、自然失業率よりも高い失業率が政策目標である場合には、加速度的なデフレーションが生み出される。

　とはいえ、フリードマンは、この理論の限界として、自然失業率を用いた説明は、なにが自然失業率か分からないし、自然失業率も刻々変化するところに問題がある、と付言している。

　結論としては、次のようになる。インフレーションと失業率との間には、トレード・オフは存在する。しかし、それは「一時的」なトレード・オフであり、予期せざるインフレーションに由来するものである。恒久的なトレード・オフは、存在しない。存在すると考えるのは、「高い」と「上昇している」を混同するからである。インフレーションの上昇は失業率を低下させるが、高いインフレーションは失業率を低下させない。

　しかし、フリードマンは、「一時的」とはどの程度なのかは明確にはできない、と言う。インフレーションに関しては、初期の効果は2—5年、これが逆転し、更なるインフレーションによって完全に調整される

には、例えば 20 年かかると言う。このギャップの故に政策手段としての有効性には限界があると言うのである。

　以上の考察の一般的な結論は、通貨当局は、国民所得、利子率、失業率など各種の項目の名目量をコントロールすることはできても、実質値をコントロールすることはできないことを示している。

　つまり、フリードマンの結論は、金融政策はこれらの実質値を所与の水準に安定させることはできない、ということにある。

　フリードマンは、物価と賃金にはわずかな弾力性しか残されていないので、物価と賃金を直接の政策目標にすることは困難である、と言う。そうであるとすれば、金融政策として現在もっとも有効かつ直接的な指針となり、基準となるのは、貨幣総量ということになる。

　しかも、この場合に必要なのは、正確な貨幣量と正確な増加率ではなく、最終生産物の物価水準のおよその安定を平均して達成するような増加率である。不安定な状態にあるよりも、適度のインフレーションとデフレーションを平均して生み出すような固定的な貨幣増加率を持っている方が望ましい。これがフリードマンの結論となる。

　貨幣量を動かすのではなく、増加率を一定に維持することが最良の経済政策になると言うのである。貨幣量の増加による経済活性化を明確に説いたのは、古典的な貨幣数量説の完成者ヒューム（Hume［1955］）である。ヒュームは、貨幣の増加はそれが社会のすみずみに行き渡るまでの中間期間においては、経済を活性化させる効果がある、と説く。しかし、社会にまんべんなく行き渡った段階では、物価の騰貴をもたらすだけである。したがって、徐々に貨幣量を増やす政策がよい政策であると言う（奥山［2011a］、参照）。いわゆる「連続的影響説」である。フリードマンのいわゆる x% ルールは、ヒュームの連続的影響説と近似している。ヒュームは、資本主義の生成期に貨幣錯覚を理論にとり込んで、貨幣を持続的に増やす政策を望ましい政策としていた。

　フリードマンは、財政政策を軸とするケインズ政策がインフレーションによる経済混乱をもたらした元凶であると考え、再び財政政策から金融政策に舵を切り直すことを目指した。その場合の金融政策の手段は、

利子率ではなく貨幣数量である。低利子率は流動性の罠の状態を生み、ケインズの財政政策に道を譲る。また、金利による経済の管理は、引き上げも引き下げも、結局は、元に戻るか、行き過ぎるだけである。物価、失業、成長の3大課題に対応することはできない。

また、貨幣量に関しても、これを経済状況に応じて増加させたり縮小させたりを繰り返しても、国民所得、失業、金利、物価の実質値を管理することはできない。はじめは効果があるが、いずれ元に戻り、再度の追加的な貨幣量の政策は、そのタイム・ラグの不確定性から行き過ぎるだけである。

したがって、正しい政策は、成長率に合わせた大まかな貨幣増加率を設定し、許容範囲内のインフレーションとデフレーションを受け入れ、平均して安定的な経済状態を達成することである。

この議論は、結論から見れば、貨幣の増加率を経済成長率に合わせるだけで、なにもしないことを意味する。この視点からすれば、現在のゼロ金利の下での量的緩和政策は、フリードマンの言う貨幣量による金融政策そのものである。

しかし、累積的に実行される天文学的な量的緩和政策は、フリードマンの増加率一定のルールに反する。フリードマンの警告によれば、経済効果がいつ現れるか分からないのに、アクセルだけを踏み続ければ、いずれは景気の反転が生じ、そしてその帰結としての行き過ぎがくる。本論文の時期のフリードマンの戒めの政策が、今日行われている政策と言える。

フリードマンの狙いは反ケインズであり、インフレの責任をケインズ主義に求めている以上、インフレの抑制がフリードマンの主張となる。したがって、同じ貨幣量増加の政策でも、ヒュームは成長が目標であり、フリードマンは成長に加えて物価の安定が目標となる。

フリードマンの貨幣数量説は、経済の成り行きを市場に任せるという意味では、古典派の自由主義の復活であり、ケインズの完全雇用・福祉国家に対立するものである。市場主義復権の宣言とも言える。マネタリズムは、市場主義のイデオロギーとともに影響力を持ち、金融が主導す

るグローバリゼーションの時代を主導した。しかし、国際金融危機も格差と貧困の社会問題もこの枠組みの間から生まれている。

第 2 節　カルドアの批判

　19世紀中葉のいわゆる通貨論争では、先に見たように貨幣数量説を背景として、金による銀行券発行の制限を説く通貨学派に対して、銀行学派は銀行を媒介として貨幣の積極的な供給を説き、必要な貨幣は信用システムの中から生み出されるとし、これを制限することを批判した。こうした理解は、紙幣に関する貨幣数量説の否定である。

　この考えは、カルドアに継承され、貨幣内生説となる。カルドアの内生説は、信用の発達した現在では、貨幣は信用のさまざまなシステムの中で内生的に供給されており、貨幣量を独立変数として外生的に決定することはできないと考えることにある。

　カルドアの"The New Monetarism"（Kaldor,［1970］,［1978］）によって、フリードマン批判を見ていく。

　この論文でカルドアは、なによりもまず、フリードマンの貨幣数量説の浸透力の早さに驚いている。連邦準備銀行、IMF、そしてケインズの母国イギリスや連邦準備制度理事会にさえ、「隠れ」フリードマン主義者が出ていると言う。

　ケインズの理論は、古典派との決別を告げる経済学上の「革命」であり、その政策は、十分に成功した。ケインズの政策が成功し、その評価も高まっていた。ケインズ理論の隆盛期に、ケインズを否定し、古典派に回帰するかのようなフリードマンの理論が登場し、しかも急速に支持を広げている。この状況に対し、カルドアは強い危機感を持ったのである。

　カルドアをとおして、当時のケインズ派の焦燥感を理解することができる。カルドアは、フリードマンの成功を『アメリカ金融史』研究の実証分析によると見て、これに対しては「エセ科学主義」という世評もあるなどと指摘しつつ、その影響力に強く反発する。

カルドアは、フリードマンの学説を4点にまとめる。
1. GDP、物価水準、賃金などの名目値とその変化率を決定する際には、貨幣だけが重要である。財政政策、租税、労働組合の行動など、貨幣以外の要素は無関係である。
2. 利子率、賃金、失業水準には、唯一の実質的な均衡値があり、貨幣量を変化させ、一時的にこれらの数値を動かすことはできても、結局は逆の変化が起こってしまう。
3. 貨幣供給だけが支出や所得や価格の名目値を決定するが、それは、原因不明のいつ効果が出るか分からない不安定なタイム・ラグをともなう。
4. したがって、貨幣供給量のコントロールが唯一の強力な手段であっても、中央銀行に安定化政策を望むことはできない。それ故、インフレのない着実な成長のための最善の手段は、貨幣供給の拡大を4〜5%（その後は2%に修正・・・カルドア）にすることである。

カルドアによれば、フリードマンの理論は、事実上、歴史的実証だけであり、理論的かつ構造的な説明になっていないと言う。なによりも、外生的な貨幣供給が支出に及ぼすメカニズムが説明されていないと批判するのである。

実際、ここでのカルドアの批判は的確である。カルドアは、貨幣はどのようにして流通に入るのか、誰によって受領されるのか、取得者はその貨幣を支出可能な所得に加えるのか、それとも財産に加えるのか、あるいは財産も所得も増加させずに別な資産に交換されて存在するのかなど、次々とフリードマンに疑問を投げかける。

カルドアは、フリードマンの貨幣に関する外生説は、貨幣が流通の中に持ち込まれるルートが不明であり、かつ貨幣を手にした人がそれを本当に購買に回すのかどうか明らかではない、と言う。もし貨幣を購買に使用しなければ貨幣量増加の意味はないのではないか、とフリードマンを批判しているのである。

カルドアのフリードマンへの批判は、第1に、貨幣量とGDPに強い相関関係があったとしても、因果関係はどうなのか、という点である。

貨幣数量説は、貨幣量の変化が原因で、GDPの変化を結果と考える。しかし、逆であるかもしれないし、また、貨幣量やGDPとは別の要因が貨幣量とGDPを共に変化させたのかもしれない。

　第2に、仮にこの二つの要因が統計的な結びつきが強いとしても、結びつきが強いということがコントロールできるということを意味するのかどうか。つまり、深刻な逼迫下にある時にも安定的な貨幣乗数は存在するのか、という批判である。

　カルドアは次のような例え話を出す。クリスマスの時期に貨幣流通量が増えたとしても、貨幣量の増加がクリスマスの購買騒ぎをもたらしたとは、誰も言わないだろう。もし、クリスマスに政府が貨幣の供給を停止したと仮定しても、クレジット・カードやその他の仕組みで購買は行われるであろう、と言うのである。

　フリードマンの貨幣外生説にとっては、貨幣の流通速度が安定していることが前提である。しかし、カルドアによれば、流通速度の安定は、貨幣供給が取引の必要に順応したことを意味する。スミスやマルクスが展開していた必要流通手段量説である。

　したがって、フリードマンの言う安定的貨幣関数は、フリードマン自身の主張とは逆に、貨幣供給が内生的であって外生的ではないことを示している、とカルドアは言うのである。

　この問題に対し、フリードマンは、第1に、タイム・ラグの期間はまちまちだが、貨幣量の変化が先で、所得や経済活動は後で変化する。したがって、貨幣量の変化が原因である。第2に、アメリカの銀行は限度いっぱい貸し続けているので、連邦準備銀行の統制力は保持されているとしていた、と言う。これに対してカルドアは次のように反論する。

　まず、タイム・ラグ問題は、例えば、最初の変化が借入金によって在庫を増大させようとする企業の決意による場合は、貨幣供給の増加が所得の増加に先行したとしても、貨幣供給の増加が原因か結果かという問題ではない。

　また、財政のいわゆる自動安定化装置が作動するには、法人税などにみられるタイム・ラグがあり、政府の膨大な借入が貨幣供給の増大を招

くのは、受動的な貨幣政策の自動的な結果である。朝鮮戦争の時は、貨幣供給のピークは、戦後ブームのピークの1年後だった。

第2の論点、アメリカにおける貨幣供給は外生的であり、連邦準備制度理事会の政策決定が決定的であったという点については、次のように批判する。

すなわち、カルドアによれば、フリードマンの「貨幣的基礎」という用語をハイパワード・マネーと同義語とすれば、フリードマンの主張とは異なり、1926—1929の間、ハイパワード・マネーは上昇し、1932年7月には1929年7月より10％上昇している。このハイパワード・マネーの上昇にも関わらず貨幣供給が3分の1も減少した要因の一つは、民間保有通貨の銀行預金に対する割合の上昇である。フリードマンは、これを民間銀行に対する信頼の低下と言うが、この水準は一度も逆転しなかったし、1960年7月も1932年7月と同じであった。そして、もし銀行に対する信頼の低下が原因なら、なぜ元に戻らないのか、と批判する。

カルドアは、大恐慌期のアメリカとカナダとの比較は、流通速度の安定性というフリードマンの仮定に対する重要な反証になると言う。すなわち、貨幣供給の減少は、カナダはアメリカよりはるかに少なかったが、名目GDPの縮小は同じであった。この間の貨幣の流通速度は、カナダはアメリカよりも大幅に低下した。つまり、貨幣供給の差は、流通速度の変化の差に吸収されたのである。これは、貨幣供給の安定性と流通速度の安定性とが同時に認められるというフリードマンの見解の誤りを示している、と言うのである[17]。

---

[17] カルドア論文に対して、フリードマンは、所得が貨幣量に及ぼす影響は明らかに存在するが、同時に貨幣量の所得に及ぼす影響が存在することも明かである、として、内生説と外生説の折衷的なコメントを出す。これに対して、カルドアは、反論になっていないと批判する。そして、自らのラドクリフ委員会での証言を出しつつ、国際比較をしてみれば、貨幣と所得の関係は、同一であると判断することは馬鹿げているし、このことは「安定的需要関数」の考え方にも疑問を投げかけるものである、と言う（Kaldor [1978]、参照）。

カルドアの主張は、The scourge of Monetarism1982（Kaldor [2009]）の中で、さらに展開される。

　カルドアは、マネタリズムについて、歴史的には1931年9月18日に金本位制が放棄されたのにともない、マネタリズムの役割は突如として終わったと考えている。マネタリズムの終焉は、公定歩合が一晩で6%から2%に引き下げられたことにある。1936年はカルドアにとっては決定的な年であり、それはケインズの『一般理論』の刊行年である。低金利の中ではケインズ流の財政政策が有効となる。カルドアにとっては、金本位制とマネタリズムは一体であり、金本位制の停止・低金利政策とケインズ主義も一体である。

　カルドアは、フリードマンのニュー・マネタリズムは、右派の仕掛けたもので、無知そのものであると罵倒する。その批判は、インフレーションは、マネー・サプライの結果であり、マネー・サプライは公共部門の赤字の結果であり、公共部門の赤字は、ケインジアンの需要管理政策の付随物であると言うことにある。

　そして、カルドアは、マネタリズムは労働組合の賃金要求やストライキ癖に対抗するものとして有効な政策手段であると考えられているとみなす。しかし、マネタリズムの代償は、産出高の喪失、失業、とりわけ若年失業の増大という窮状だった、と言う。

　また、カルドアにとっては、ケインズ政策の有効性も、世界経済に与えた貢献も、その実績から見て明らかなものであった。第2次世界大戦後の第1四半世紀は、第1次世界大戦後と違って、世界的に空前の成長であった。この幸福な時代が、ケインジアンの時代であり、それは1973年末の第1次オイルショックで終わりを告げた。

　そしてニュー・マネタリズムが登場し、これが資本と労働の力関係を逆転させるものであった、と考える。カルドアには、ケインジアン対マネタリズムの関係は、政治的あるいは階級的な対立として受け止められているのである。

　カルドアは、本来の伝統的な経済政策は、マネー・サプライを受動的な要素とみなしていたと考えている。マネー・サプライは、中央銀行の

準備に問題が生じない限り、信用に対する需要の変化に自動的に対応した。1958 年のラドクリフ委員会の報告は、金融政策の中心は利子率による規制であって、貨幣量ではないことを明確にしていた。しかし、ニュー・マネタリズムの経済政策は、なによりもマネー・サプライの増加であり、利子率の安定性ではない。

マネタリズムが採用される転換となったのは、カルドアによれば、1979 年 10 月 6 日の連邦制度理事会議長ヴォルカー（Volcker）氏の正式表明による。ここから利子率ではなく公開市場操作を通した貨幣量の政策が基準となったのである。しかし、この政策は失敗に終わり、利子率を基準とする伝統的政策に戻った。イギリスでは、マネタリズムは、1979 年 5 月のサッチャー政権にはじまり、全面的に失敗し、失業者は 2 年間で 120 万人から 320 万人に増加したという。

カルドアは、ニュー・マネタリズムの根幹は、マネー・サプライの変化が物価水準の変化の原因であって、その逆ではないという仮定によったものであり、マネー・サプライは、金融当局によって外生的に決定されるということにある。そして、この外生的な決定と流通速度の安定性がニュー・マネタリズムを支える、と言う。

しかし、カルドアによれば、流通速度は、ほとんどの国で安定的ではないし、また国によっても異なる。このことは、外生的な貨幣量の決定が安定的な流通速度によって物価や所得などに影響するというニュー・マネタリズムに対する重要な反論となる。

さらにカルドアは、ケインズの貨幣理論は、貨幣数量説の完全な放棄にはなっていないとして、貨幣 M と所得 Y の関係について、次のように展開する。

すなわち、なによりもまず、商品―貨幣経済（commodity-money economy）に基礎をおく貨幣価値論は、信用―貨幣経済（credit-money economy）には適用できない。それは、前者では、貨幣は生産費に基礎を置いた独立の供給関数を持つが、後者では、貨幣は銀行信用の拡張の結果作り出されるからである。そして、貨幣が過剰に作り出された場合には、その超過分は、債務の償還、あるいは利子つき資産への転換によって、自動的

に消滅させられる。金の場合には、過剰になっても流通から消滅するわけではない、と言う。

　既に見てきたように、リカードウが金貨幣に関して初期の貨幣数量説から『経済学および課税の原理』での必要流通手段量説に転換したように、金貨幣の量が外生的に決まっていたとは言えない。金貨幣と金とは別であり、金の公定価格と市場価格の間に差がある場合には、自由鋳造制度によって、地金と鋳貨の間を行き来し、貨幣量の調整が図られていた。金貨幣であっても、退蔵されている場合には、価格の形成には関わらない。貨幣数量説の対極にある必要流通手段量説は、金本位制下での貨幣内生説である。

　カルドアは、信用ー貨幣経済に関して次のように言う。利子率（r）を縦軸にとり、所得（Y）を横軸にとり、右下がりの貨幣需要曲線を想定する。ケインズの場合には、供給曲線は垂直で、需要曲線と交わったところで、利子と貨幣量が決まる。しかし、カルドアは、発達した信用貨幣の場合には、貨幣供給曲線は水平になると言う。カルドアによれば、信用貨幣経済では、貨幣量は需要によって内生的に決まるので、金融政策は、貨幣量ではなく中央銀行の利子率によって決まる。利子率は、従属変数ではなく独立変数である。

　また、流通速度の安定性に関しては、カルドアは、広義の貨幣の定義M_3と所得との比率をとり、1978年で、スイス125.6％、イタリア96.5％、イスラエル83％、日本87.2％、イギリス34.3％、韓国33.8％、チリとブラジルは約15％、と言い、各国まちまちであることを指摘する。そして、イギリスでは、1930年代は55―60％、1948年には80％、1958年44％、と時期によって異なる、と言う。また、ドイツを例にとれば、マネー・サプライの増加は、フリードマンの言うように2年のタイム・ラグをとって現れることはなく、20年たってもインフレにはなっていない、と言う。

　さらに、ニュー・マネタリズムは、貨幣量の変化とその効果のタイム・ラグの問題については依然として説明せずに、ブラック・ボックスのままにしている。そして、銀行券の供給がどのように行われるかにつ

いても説明せずに、ヘリコプター・マネーを主張するだけである、と批判する。

　内生説は、貨幣量の調節が受動的に行われると考える学説である。したがって、物価と貨幣量の関係を分析することはあっても、貨幣量の増減を政策手段とはしない。その意義は、基本的には貨幣数量説批判にある。カルドアは、金融政策としては、貨幣量から金利に戻している。現在のような膨大な財政赤字と低金利の下では、難しい局面になっている。

第6章　世界貨幣と基軸通貨

第1節　世界貨幣としての金

　金や銀は生まれながらにして貨幣であったが、金本位制の確立した19世紀のイギリスにおいて、金貨や銀貨はほとんど流通することはなく、実際にはイングランド銀行券が流通していた。信用制度の発達が銀行券の流通を可能にしていた。金は銀行券の流通の前提にあり、経済的な危機の際には求められたが、通常使用される流通手段の中心ではなかった。

　しかし、貨幣としての金の役割は消えたわけではない。金本位制の下での資本主義の経済システムにおいて、金の役割はむしろ国家の枠を越えたところにあった。

　金本位制の形成期に生きた同時代人として、マルクスは、金貨幣論と世界貨幣金を詳細に分析している。マルクスは『資本論』の第1部第3章「貨幣または商品流通」、「c 世界貨幣（Weltgelt）」（英訳のタイトルは'universal money'、ただし、英訳本文中では'money of the world'が使われている）の冒頭で次のように言う。

　「貨幣は、国内の流通部面から外に歩み出るとともに、国内の流通部面で成長する価格の度量標準、鋳貨、補助貨幣、および価値章標（Wertzeichen）という局地的な形態を脱ぎ捨てて、貴金属本来の地金形態に逆戻りする。世界商業では、諸商品はそれらの価値を普遍的に展開する。世界市場においてはじめて、貨幣は、その自然的形態が同時に人間労働の直接的に社会的な具現形態である商品として全面的に機能する。貨幣の様式は、その自然形態が同時に抽象的人間労働の直接的な具現形態である商品として、全面的に機能する。貨幣の定在様式

(Daseinsweise）はその概念（Begriff）にふさわしいものとなる。」(Marx [1971a], S.156, 242 頁)

　貨幣は、実体と幻想の間を往き来する。『資本論』の貨幣論は、価値形態論においては、金による統一的な価格表示の合理性を、価値表現の仕組の発展をとおして説き明かす。交換過程論においては、金が、交換の中から、交換をとおして、貨幣として生み出される過程を説き明かす。物神性論においては、商品や貨幣という社会的な形態を身につけた「物」を媒介に、商品経済・資本主義経済の生産は社会的に編成されることを説く。この三つの論理は、マルクスの貨幣の本質論を構成し、いずれも貨幣が金であることを説く。これは、貨幣生成の歴史ではなく、貨幣の論理的な合理性として説かれたものである。

　しかし、マルクスの流通手段論は、金貨幣とは逆の道を歩む。鋳貨、補助鋳貨、紙幣と順次説かれる道筋は、貨幣の象徴化の論理的なプロセスである。貨幣が金という実質的な価値を失って、最終的には無価値な素材が使用されることになるプロセスであった。

　貨幣が再び金の形をとるのは、流通から引き上げられて蓄蔵の対象となる場合である。金の素材は、価値の保存にもっとも適している。金貨幣は、商品経済的な一般的富として保存のために用いられる。これは、紙幣には果たせない役割である、とされる。

　この貨幣蓄蔵の機能を前提に、一定額の貨幣が支払手段として機能する。特に信用売買の場合には、一方では手形が振り出されることで売買が行われ、その支払いのために貨幣が蓄蔵される。そして、支払契約の期間の終わりに、金貨幣の塊が、支払手段として使用される。

　以上のような『資本論』の展開は、叙述の体系あるいは説明の順序の問題から生じたことである。すなわち、銀行制度や中央銀行による発券の集中の仕組を説き明かす前の論理段階においては、支払手段の機能は金貨幣が果たすということである。これは経済学における叙述の体系上の問題である。

　実際には、企業が金貨幣よりもイングランド銀行券や手形を保有していることは、支払手段の説明の中で資料として明記されている。つまり、

国内での支払手段としては、必ずしも金貨幣である必要はないのである。信用の発達は、通常の場合は支払手段としての金は求めない。

『資本論』の展開では、金貨幣は、二度姿を消すのである。貨幣の本質論で金貨幣は合理的な必然性として登場し、流通手段論の象徴化の論理で姿を消し、蓄蔵貨幣論で商品経済的な一般的な富として再度登場し、支払手段論において、信用貨幣の基礎が説かれることで手形での購買と手形の転々流通の仕組みが説かれる。これは、『資本論』第3部における銀行券発行の基礎である。

『資本論』における金貨幣のいわば三度目の現実的な出番が、世界貨幣としての金である。ここにおいては、国ごとに形式の違う鋳貨や補助鋳貨、政府紙幣や銀行券は世界貨幣の役割を果たすことができないとされる。国家的な形態は意味をなさず、金それ自体としての存在が機能するのである。世界貨幣としては金に代替するものはない、これが『資本論』の理解の仕方であった。鋳貨にしても、補助貨幣にしても、政府紙幣にしても、国家を前提に成立するものである。したがって、国家の力の及ばない国際的な交易では、通用しないのである。

世界貨幣の機能は次のように説かれる。

「世界貨幣は、一般的支払手段、一般的購買手段、および富一般（普遍的富）の絶対的社会的物質化として機能する。国際収支の差額を決済するための支払手段としての機能が優先する。それ故、重商主義のスローガンは言う。貿易差額を、と。さまざまな国民の間における素材変換の従来の均衡が突然攪乱されるたびに、金銀は、本質的に国際的購買手段として役立つ。最後に金銀が富の絶対的社会的物質化として役立つのは、購買も支払いも問題ではなく、一国から他国への富の移転が問題である場合であり、しかも、商品形態によるこの移転が、商品市場の商況か、あるいは、所期の目的そのものによって排除される場合である。」(*Ibid*., S.157-8, 244頁)

世界貨幣としての金の機能は、流通手段機能ではなく、支払手段としての機能が中心なのである。しかも、「国際収支の差額を決済するための支払手段機能」が支配的な世界貨幣の機能である、と言う。信用取引

の相殺後の最終的な決済のために支払手段として金が不可欠となる。世界貨幣は、この意味で決済通貨としての金と考えられているのである。ここでも国家を越えて信認を受けたものとしての金が決済手段として選ばれ、世界貨幣になるのである。

　もちろん、金が国際市場において購買手段として使用されることが否定されるわけではない。引用に見られるように、金は、一般的支払手段、一般的購買手段、社会的な富の絶対的形態として使用される。しかし、世界貨幣としては、支払手段としての機能、マルクスの文脈では、決済のための支払手段が支配的な機能である、と言うのである。購買手段としての金は、本質的な機能であるが、貿易のシステムに混乱が生じた時に、購買手段として使用されることになる、と言う。限定的な局面での使用と考えられているのである。

　最後に、一国から他国への金の移転について述べている。絶対的な富の存在形態としての金の国家間の移転である。マルクスは、「例えば戦争遂行のための、あるいは銀行の正貨支払い再開のための、対外援助や貨幣貸付などの場合には、まさに貨幣形態での価値が必要とされる」（*Ibid.*, S.157, 245 頁）と、言う。対外援助、国家間の貸付などは、今日でも国際通貨の役割である。

　以上が、『資本論』の世界貨幣論である。当時の貨幣は、国内においては金との兌換が保証されていたとしても、現実的には、既に銀行券であった。また、流通手段としての貨幣は、『資本論』の場合、貴金属貨幣としての実体から乖離し、鋳貨、補助貨幣、政府紙幣の順で象徴化される。政府紙幣は、それ自身価値を有しない。しかし、必要流通量を超えない限りは、金価値を代表し得るという理解が、ここには含まれている。貨幣の象徴化の背後には、一般的で変わらざる富としての金が存在しているのである。紙幣を不変の富と見なすほど現実は楽観的ではない。貨幣が紙幣にまで発展したとしても、貨幣としての金銀が消えない理由はそこにあった。

　世界貨幣論では、貨幣の象徴化の論理は通用しない。ポンドやフランといった鋳貨も価格の度量としての名称も、世界市場では通用しない。

国家を超える世界市場が求める貨幣は、この国内市場の枠を超えて、地金としての金銀が実質的な意味を持つ。『資本論』が世界貨幣の中に見ているのは、市場システムを統合するものとしての貨幣である。決済手段として金が不可欠であることによって、世界経済システムは金で統合されたことを意味する。

マルクスが「世界市場においてはじめて、貨幣は、その自然的形態が同時に人間労働の直接的に社会的な具現形態である商品として全面的に機能する。・・・貨幣の定在様式はその概念にふさわしいものとなる」(*Ibid*., S.156, 242頁)、と言う時、金が国家間の決済のための支払手段として行き交うことで、最終的には世界的な生産と労働が金によって調整され、編成されるという見解が示されている。金という「物」が、貨幣という社会的な形態をとって、人間の経済的な関係を媒介しているのである。その最終的な帰結が、世界貨幣としての金であった。

なお、付言すれば、マルクスは『資本論』において、国際通貨としては金銀複本位制を前提としている。次のようである。

「国内流通では、ただ一つの商品だけが、価値尺度として、それ故にまた貨幣として役立つことができる。世界市場では、二つの価値尺度、金と銀とが、支配する。」(*Ibid*., S.157, 242頁)

マルクスは、これと関連した脚注の中で、金と銀の両方が世界貨幣として通用している時に、準備金としてどちらかの貨幣だけを保有するなら、金銀比価の変動によって手痛い目に遭う、と言う。これとの関連で、1844年のいわゆるピール条例は、銀の存在を軽視しているとして批判している。

マルクスの貨幣論にとって、理論的には、商品のうちの一つが貨幣として選ばれることは必然的なことであったが、それが金に統一化されるのは歴史的な事実の問題である。金が素材的に貨幣にもっともふさわしいということであり、他の商品が貨幣となることを排除するものではない。

『資本論』の初版は1867年、フランス語版は1872年、ドイツ語版第2版は1873年である。国際的な金本位制成立の未だ前夜である。微妙

な時代背景を反映して、『資本論』の世界貨幣論では、マルクスは金と銀の両方を世界貨幣としていたのである。このことは、特にマルクスの貨幣論と矛盾するものではない。

しかし、エンゲルスは、マルクスの死後（1883）出版された『資本論』第4版（1890）において、この脚注に追加して、金と銀の生産量と生産方法の推移を比較し、金と比較した銀価値の大幅な低下を論じ、「銀は世界市場においても、その貨幣資格をますます失うであろう」（*Ibid.*, 同前）と言う。

第2節　ブレトンウッズ

第2次世界大戦への道は、通貨圏・経済圏の再生の道でもあった。世界大恐慌（1929）による金本位制の停止後、恐慌が広く深く長く進行する中で、植民地支配の拡大と戦時経済への移行が図られた。

金本位制の停止によって、国際通貨システムは麻痺した。大英帝国によるポンド圏の形成を手始めに、列強各国は独自の経済圏、いわゆるブロック経済圏を作って植民地経営を行い、自国の貨幣を基軸とする広域通貨圏を作った。そこでは、わが国が軍票さえ作ったように、通貨は強大な軍事力によって、列強各国のそれぞれのブロック内で使用された。

ブロック内を支配している限り、貨幣は金と離れても流通する。国家が強制通用力を付与することで不換紙幣が国内に流通するように、ブロック内の経済交流は、ブロック内の基軸国の貨幣によって行われた。国際通貨の方法の一つとしての基軸通貨は、この時に実績を残していたと言える。ブロック化された通貨圏は、列強による世界の植民地支配の経済圏と共にあり、この国際経済システムが、第2次世界大戦への道でもあった。

この反省を踏まえれば、平和時の国際経済の再建を金本位制に求めるのは、自然の成り行きであった。しかし、金本位制には、金をどのように管理するかという困難な問題が残されている。選択肢は大きく二つに分かれていた。基軸通貨論をとるか、世界中央銀行論をとるか、である。

前者にアメリカ代表のホワイトがおり、後者にイギリスの経済学者ケインズがいた。ホワイトの案は、加盟国が基金を持ち寄って、通貨を安定させるための国際的な基金を作ることを基本とした。IMF（国際通貨基金）がこれである。この組織は基金の管理と運用が目的であり、信用創造は行わない。後にはSDRなど、ドル不足解消のために、さまざまな金や外貨に代替する仕組みが作られる。

しかし、基本的な考え方は、IMFは基金の運用問題として国際通貨問題を解決する組織であった。本来、集められた基金以上には基金は増えない組織であった。この組織とアメリカの圧倒的なドル保有を背景に、金とドルとの兌換制を前提にして、最終的にはドルが世界の基軸通貨となる。いわゆる金・ドル本位制である。

ケインズは、本来の自説である世界中央銀行（Super National Bank 超国家銀行）の設立の主張は控え、イギリス代表として、国際的な決済手段としてのバンコールという通貨と、これを管理する国際的な決済のための機関の設立を提案する。

このバンコールは、加盟国が、基金を持ち寄ることなくバンコール通貨を作り出し、金との交換比率を確定することで価値を安定させ、加盟国に配分して決済手段として使用可能とする、というものであった（第10章、参照）。

最初に作られるバンコールの額に相当する担保はない。これは信用貨幣というよりも、超国家による政府紙幣に近い。こうした貨幣は、完全平和が前提とならなければ通用しない。バンコールの提案に際して、ケインズが戦争の放棄と国際的平和の決意を各国に呼びかけるのは、バンコールが平和を前提とする通貨だったからである。

このバンコールは、金から離脱した通貨と言われるが、実際には金との結びつきは強い。金の根拠なしに最初のバンコールが発行されたとしても、バンコールと金との交換比率が固定しており、これ以外の比率での売買は認められない。各国は、バンコール通貨が必要な場合は、金でバンコールを買うことはできるが、手持ちのバンコールで決済同盟の金を買うことはできない。

ケインズは、ピール条例によるイギリス金本位制の長い経験から、一定の金があれば、紙幣は問題なく流通すると考えている。問題は、危機に際しての金の枯渇である。これがピール条例の最大の問題であり、この問題を解決する方策として、金でバンコールは買えるがバンコールで金は買えない、つまり、金が中央銀行に貯まるだけ、という制度によって、金流出の不安を解消しようとしたのである。

ケインズの案は採用されなかったが、国際通貨システムの方向性としては、正当な道筋をつけたものと考えられる。

イギリス代表のケインズとアメリカ代表のホワイトの間の論争は、しばしば通貨覇権をめぐる攻防とも受け止められる。ケインズによる国際的な決済通貨バンコールの発行は、国際通貨の中立性を維持することで、米ドルの覇権獲得を止めようとしたものである、と言われる。ホワイトは、世界の6割以上の金をアメリカが保有するという戦後の状況を踏まえて、ポンドの覇権を終わらせようとする。これは、もう一つの第2次世界大戦と呼べるものであったと言う（谷口［2005］、［2012］）。

しかし、ブレトンウッズ会議（1944）の結論は、ホワイト案に沿ったものであった。この会議の結論を受けて、戦後の国際通貨体制が確立する。IMFを中心的な機関とする金・ドル本位制が作られるのである。この体制は、金為替本位制と呼ばれることがある。ドルは、各国の通貨当局がアメリカにこれを持ち込めば、1トロイ・オンス＝35ドルの交換比率で金と交換してくれたからである。各国通貨は、ドルと固定レートでつながることで、ドルを媒介に金の価値とつながっていた。

しかし、各国の貨幣は、ドルを担保に発行されていたわけではない。また、アメリカ・ドルは、アメリカ国内では金貨幣としては流通していないので、1オンス＝35ドルが、金とドルの実体としての価値を表わす保証はない。アメリカ国内は金本位制の国ではなく、アメリカ・ドルに兌換のシステムはない。アメリカ国内では、1ドルの購買力、すなわち貨幣価値は、金によって保証されていたわけではないのである。

金為替本位制は、金本位制の国の貨幣や政府証券を担保に貨幣を発行することを意味するが、IMFのシステムでは、アメリカ・ドルが国内

での兌換ができないこと、また各国がアメリカ・ドルによって通貨発行を制限されていたわけではないことによって、金為替本位制と呼ぶには、必ずしも妥当しない制度であった。

　第2次世界大戦の結果、ヨーロッパ諸国は、壊滅的な被害を受け、疲弊しきっていた。世界の中心は、ヨーロッパから、国内の戦火の少なかったアメリカに移った。この世界史の軸点の移動は、金保有に現われる。この富の所在が、覇権国の所在を反映する。世界の金の3分の2はアメリカが保有していた。金を国際通貨とするシステムを形成する以上、ドルが基軸通貨となる以外の道はなかったと言える。

　戦後世界は、アメリカを軸に動く。アメリカの政治・経済・軍事の力は、資本主義世界では突出しており、東西冷戦という社会主義との対抗関係の中では、アメリカの覇権は、資本主義世界には欠くことのできないものであった。覇権国の通貨ドルが、基軸通貨となる以外の道はあり得なかったのである。東西冷戦もまた、アメリカの覇権を必要とし、ドルを基軸通貨にする要因であったと考えられる。

第3節　IMF体制

　今日の国際通貨問題の一つは過剰なドルとそれが一因となって繰り返し生じる国際的な通貨金融危機にあると言われる。現在の体制は、ニクソン・ショック（1971年8月）による金・ドル兌換停止と、スミソニアン体制の崩壊以降の先進国の変動相場制への移行（1973）とによって作られた。

　現在の国際通貨体制の抱える問題と、固定相場制の時代のIMF（国際通貨基金）が抱えていた問題とは、大きく異なっている。設立時のIMFの問題の焦点は、外貨（ドル）の不足、国際流動性の欠如であった。

　固定相場制を維持することは各国の義務であり、公定為替相場の上下1%以内に変動をおさえるために、各国は常に為替市場に介入する必要があった。このためには、常に外貨準備としてのドルが必要であった。固定相場制の下では、金やドルなどの外貨準備は、各国にとって不可欠

であった。

　また、この固定相場の変更は、IMF理事会の承認が必要で、各国が自由に行うことができなかった。このことによって為替切り下げ競争は回避されたが、各国は平価決定の権利をなくした。

　IMFでの投票権は、250票の出資割当額（クォータ）にリンクする仕組みで、割当額の多いアメリカがIMFに強い影響を及ぼすことになった。加盟国は、割当額の25%を金で、75%を自国通貨で出資した。

　後に、外貨不足に対応するため、金で出資した部分と他国によって引き出された自国通貨部分とは、無条件で融資が受けられるようになり、これを超える部分は条件付きで最大200%まで融資が受けられることになった。

　また、加盟国は、経常取引における為替制限の撤廃を義務づけられた「8条国」と為替制限を認められている「14条国」とに分かれた。1961年には、主要国は8条国に移行した。日本は、1952年にIMFに加盟、64年に8条国に移行した。

　経常収支の赤字国は、常に外貨が不足し、流動性の危機に見舞われた。流動性の不足こそが、当初の固定相場制下でのIMFの最大の問題であった。IMF成立直後のドル不足は深刻で、東西冷戦下でのアメリカによる大規模な経済的・軍事的援助によるドル供給によって、国際通貨システムが支えられている状況にあった。

　外貨準備は、一時的な経常収支の補填のために必要なだけではなかった。加盟各国が、仮に外貨準備・国際流動性を十分に備えているならば、固定相場制の下でも、輸入の増加をともなう経済成長政策をとることも可能になるなど、経済政策の自由を保持することができると考えられていた。したがって、固定相場制が円滑に機能する鍵が、国際的な流動性の確保にあった。

　国際流動性の問題に関しては、有名なトリフィンの流動性のジレンマがある。それは、国際通貨としてキー・カレンシーになっているドルの供給が、アメリカの経常収支の赤字によって担われており、このことがドルの信認を侵しつつあること、逆に、アメリカが経常収支の均衡を目

指せば、ドルの供給を断つことになり、国際通貨システムが成り立たなくなることを指摘したものであった（Triffin [1960]）。

　IMF は、流動性不足に対応するため、ゴールド・トラッシュ政策（gold tranche policy, 1952）やスワップ協定を設け、さらに SDR などの制度を整えていった。

　IMF の抱える国際流動性問題に関しては、完全な金本位制への復帰（Jacques Rueff, 鈴木 [1964]）や世界的な通貨統合案（Triffin [1960], 鈴木 [1964]）、当時の金為替本位制支持論（Oscar L. Altman, 鈴木 [1964]）など、戦後経済システムに対するさまざまな改革案が議論されていたが、変動相場制はその一つであり、実現可能性は少ないが理論的には影響力のある理論として受け止められていた。

第4節　シニョレッジ

　1971 年 8 月 15 日のニクソン・ショックによって、金とドルとの兌換が停止されて、今日に至っている。ドルは、アメリカという特定の国の貨幣であり、不換紙幣である。今日の基軸通貨論の基本的な課題は、この二点にある。この二点が課題となるのは、金が世界貨幣であった時との対比による。

　特定の国の不換紙幣が国際的な基軸通貨となった場合、倫理的に問われるのは、シニョレッジ（貨幣発行益）の問題である。国内的なシニョレッジついては、貨幣発行のオリジナルなシニョレッジ、つまり 1 万円札が 20 円の費用で作られる場合の 9980 円をシニョレッジとして認めるかどうか、あるいは 1 万円を国債と交換した場合の金利収入だけをシニョレッジとするかで見方は分かれる。後者でも、国債を永久に持ち続ければ、金利の合計は、いずれはオリジナルなシニョレッジに等しくなる日が来るとも言える。

　しかし、国際的な国家と国家の関係で見れば、シニョレッジは見えやすい。ドル紙幣の費用をただ同然とすれば、アメリカのドルを他国が保有した分はアメリカの獲得したシニョレッジである。現行の制度では、

ドルがなければ原油は買えない。アメリカの金融商品は魅力的であり、アメリカの金融商品を買うためにはドルが必要である。現行の不安的な変動相場制の下では、為替の介入は不可欠であり、公的な外貨準備としてのドルもまた不可欠である。このため世界中の国がドルを保有する。このドルは、紙とインクの生産物であり、アメリカは紙とインクで世界中の商品が買える、と言われる所以である。

　現行制度は、こうした倫理的な問題はあるが、しかし、40年を超えて維持されている。このシステムが許容されているのは、ドルの供給がアメリカの経常収支の赤字によるからである。アメリカの貿易の不均衡が、世界のドル不足を解消する役割を果たしているのである。有名なトリフィンのジレンマでは、こうしたドル供給システムは、ドルに対する不信を招く。確かに、ドルに対する不信は増大し、過剰なドルは金融市場を混乱させ、通貨危機、金融危機を繰り返しているが、ドル価値は崩壊していない。実際には、アジアの隆盛、アジア諸国の外貨準備の増大、ユーロの混乱など、今日のさまざまな経済的要因は、ドル保有を維持する方向にある。

　特に、金融のグローバリゼーションの流れの中で、アメリカのドル建ての金融商品は、資産運用の魅力的な対象として選択された。リーマン・ショックによる金融危機以前においては、ヨーロッパの金融機関の資金は、アメリカの金融商品を求めて大量にアメリカに流れていた。ドルの供給と還流のシステムは、むしろドル不足さえ引き起こしていたと言われる。今日のユーロ危機の発端の一つでさえある。

　しかし、ドル価値が維持されていることと、現行の国際通貨システムの正統性とは別である。同じ不換紙幣であっても、国際的な機関、例えば世界中央銀行が設立されて、ここが不換紙幣を発行する場合には、シニョレッジは、平等に分配される。

　言うまでもなく、国際通貨は国際的に保有され、使用される通貨である。貨幣は、一旦貨幣になれば、循環論法が成立する。国際通貨であることの利便性が、その通貨が国際通貨であることを支える。一旦国際通貨になった通貨は、その地位からなかなか転落しない。そして、世界中

に保有される。国家や企業だけではなく、個人も保有する。

第5節　ニクソン・ショック後の基軸通貨

　ニクソン・ショックは、ブレトンウッズ体制の意味を一変させる。ドルと金との兌換がなくなったのである。ドルの不換紙幣化である。不換紙幣は、貨幣に対する信認、社会的共同幻想が成立する範囲で成立する。ニクソン・ショックの直接的な原因は、アメリカからの金の流出である。金の流出に歯止めをかけざるを得なかったのは、戦時下では金しか使うことができず、東西の冷戦下でこれ以上の金の流出は避けざるを得なかったものと考えられる。

　この時に同時に行われた変動相場制に関しては、4ヶ月後のスミソニアン合意で再び固定相場制に戻ったことを考えれば、理論としての変動相場制が公認されていたわけではなく、緊急避難としての変動相場制が受け入れられたものと考えられる。

　金本位制は、その後一度も復活することはない。固定相場制は、国際通貨制度としては、基軸通貨との固定相場制なので、変動相場制と基軸通貨制とは、本来は合致しない。ドルは、国際通貨制度としての基軸通貨ではなく、多くの国によって国際通貨として使われる通貨という意味で、基軸通貨である。現在の国際通貨システムは、制度としては基軸通貨のない国際通貨システムである。

　国際通貨としての利点は、金本位制の時代と基軸通貨の時代と現在の不換紙幣の時代とでは、意味が異なってくる。国際通貨は、決済のための支払手段機能、購買手段としての機能、国際的な援助や賠償などの際の富としての貨幣の移転などの機能を果たすが、これは、金が国際通貨であった時代と同様である。

　しかし、変動相場制の現在においては、輸出入の際の契約がどこの国の通貨建で行われるかが大きな意味を持つ。輸出入の契約の際の通貨となっている国際通貨は、リスクの変動を回避できるので、企業経営に有利になる。これは、変動相場制の下で契約通貨となった国際通貨が持つ

利点である。

　また、決済通貨としては、貿易関係にあるすべての国の通貨を持つよりも、国際通貨となっている支配的な通貨に一元化したほうが便利であり、この点では、多くの国で使われている通貨が国際通貨の地位を占める。変動相場制の下でも、国際通貨は集中化の傾向を持つ、と言える。また、国際通貨として選ばれている国は、通貨・金融の国際的なセンターとして発展する。決済の手段となる通貨は、同時に国際的な取引のための準備通貨となり、各国に大量に保有されるようになる。

　国際通貨となった国は、為替リスクを回避できるだけでなく、自国通貨建てでの対外的な支払が可能なため、国際収支の制約を免れる。外貨不足問題が生じないと言える。経常収支が赤字になっても、そのファイナンスは行いやすい。

　本来、経常赤字にともなう外貨の不足は、経済の活動の縮小を迫るものであるが、その制約から免れているのである。しかも、各国はドルを準備通貨として必要とするので、アメリカの赤字がドルの国際的な供給を担うことになる。そして、アメリカの財政赤字を補填するための国債は、各国の資産運用としては、無利子のドルそのものよりも、利子がつく分有利であり、かつドルに換えやすいことから、多くの国が保有することになる。

　金との兌換が停止されてから、アメリカのドルは膨張を続け、特にリーマン・ショック後は、4ヶ月後の発行残高が2倍になるという驚異的な膨張を示し、2年半でドルが3倍になっている。この膨張するドルが、国際的な通貨金融市場を混乱に落とし込めた可能性は否定できない。

　不換紙幣の最大の問題は、発行主体によるモラルの崩壊である。そして今、世界的な不況の中で、通貨の増発が、新しい経済政策として実行されている。アメリカもヨーロッパも日本も、通貨量の増大が残された唯一の政策として用いられている。また、これが金融市場に好感を持って受け入れられ、メディアに賞賛されてもいる。

　東西冷戦終結後の一時期、アメリカは唯一の超大国として世界に覇を

唱えるかに思えたが、アメリカ発のバブルとその崩壊を繰り返すことによって、経済に対しても、通貨ドルに対しても、信認を失いつつある。国際的に見て、アメリカの政治的・経済的・軍事的な力は、相対的に低下している。アメリカを中心とした政治的な暗黙の合意が、不換紙幣ドルを国際通貨にする一要因であったとすれば、それが揺らいでいる。とはいえ、その地位の揺らぎがあったとしても、覇権という意味では、現在もアメリカの力が他を圧倒している。

　また、アメリカは基軸通貨国として、国際的な取引の金融センターである。そして、ユーロ・ドルの中心地としてのロンドンが、アメリカ・ドルを支える。アメリカとイギリスを結ぶドルの国際的なシステムは、他の追従を許さない状況にある。

　ドルに代わる通貨システムは現れていないということが、ドルを国際通貨とする大きな理由になりつつある。基軸通貨ドルは、その限界が指摘されつつも、消極的な意味での国際通貨として機能している。

第7章　変動為替相場制

第1節　わが国にとっての変動相場制

　変動相場制は、二つの顔を持つ。理想的な為替相場制度としての顔と、危険な騰貴にさらされる制度としての顔である。理念として考えられる変動相場制は、経常収支の調整という意味では、優れた制度である。これは、固定相場制にはない機能である。すなわち、A国がB国に対して赤字になったとすると、A国の通貨はB国の通貨に対して為替レートが下がり、A国からB国への輸出は有利になり、B国からA国への輸出は不利になる。結果的にA国の赤字を解消する。すなわち、自動的に収支が均衡するのである。

　固定相場制であれば、全体としてA国がB国に対して輸出超過であったとしても、この二国間の貿易バランスを回復する自動的なメカニズムはない。別の形での不均衡の調整が必要とされるのである。

　完全な変動相場制には、その定義からして、為替に対する国家の介入は排除される。したがって、外貨準備は全く不要になる。不要と言うより、むしろ外貨準備を使用した為替介入は、変動相場制という制度に対するルール違反になる。こうして、変動相場制の採用以前には、外貨準備が不要の制度であるということが変動相場制の最大の魅力であった。

　こうした理想的な制度としての変動相場制は、現実には通貨が投資の対象となり、さらには投機の対象ともなる制度でもあった。国際通貨制度の目標は、いかにして通貨価値の安定を保つかにある。変動相場制度は、実際にはこの目的を果たせないできた。特にわが国にとっては経済成長の重要な障害となった。

　情報化の進展にともなって金融のグローバリゼーションが進行する

と、各国通貨が金融機関や個人にとっての資産運用の対象としての役割を果たすようになった。貨幣で買う時代から貨幣を買う時代になり、通貨は重要な資産として、時として通貨の管理主体、すなわち国家を相手とした投機が行われるようになる。国際通貨システムが、世界経済全体を崩壊の瀬戸際に追い込むようになったのである。

プラザ合意（1985）以降は、変動相場制は先進国の協調体制によって補完されている。しかし、本来の変動相場制からすれば、各国が協調して為替を誘導すること自体が変動相場制に対するルール違反である。この協調体制自体が、変動相場制の限界を物語るものである。しかし、問題はむしろ、各国の合意による調整によっても為替の安定が得られないことにある。変動相場制による為替の変動が実体経済を調整することは困難だったのである。

変動相場制は、金本位制の廃棄を前提にする。各国通貨が金にリンクする金本位制と、通貨価値が需給関係によって絶えず変動する変動相場制とは、両立できないからである。この点で為替レートの安定化をもたらす仕組は、変動相場制というシステム自体にはない。アメリカのドルは、ニクソン・ショックによって不換紙幣化したままで基軸通貨の地位を維持している。不換紙幣を実質的な国際通貨とした変動相場制が、現在の国際通貨システムである。

そしてわが国は、変動相場制の被害をもっとも大きく受けた国と言って過言ではない。固定相場制と金本位制が維持されていたらという仮定は、もちろん愚問である。しかし、この仮定が許されるなら、わが国のかつての膨大な貿易黒字は金の形で蓄積され、わが国は、Japan as Number 1 の道をひた走り、世界史の中枢に位置していたかもしれない。逆に、変動相場制の下でのわが国の輸出主導型の経済成長によって、長期の不況に追い込まれたと言っても過言ではないであろう。

1980年代、特にその後半のバブル期、日本経済は、地価が値上がりし、値上がりした土地を担保に融資を行うという資金循環が行われ、土地本位制とも言われていた。しかし、この時期は、土地や株のバブルが叫ばれる中でも物価は安定しており、堅実な設備投資も行われていた。

土地バブルはあったが、実体経済も堅実に繁栄していたと言える。

　このバブルの崩壊後、1990年代の半ば、わが国は変動相場制と円の内外価格差によって苦境に立たされた。内外価格差とは、今では死語に近いが、国内の物価高と国際的な円高の同時併存の状態、つまり国内で弱く国際的に強い円を指す。この時期は、わが国の物価と国際的な価格水準との調整期であった。

　国内の物価高は、土地バブルの崩壊や賃金の低下、長引く不況の中で解消に向かう。円はデフレーションが続く中で、国内でも相対的に強くなり、対外的に強い円の問題だけが残った。しかし、デフレーションは、さらに競争力を強め円高を招く。デフレーションと円高との出口のないスパイラルも生じてくる。

　こうした中で、変動相場制による円高は、輸出に頼る日本経済を苦しめ続けた。1995年には、1ドル＝80円を超える事態となり、日米間の貿易の不均衡がクローズアップされる一方で、黒字国に重くのしかかる変動相場制そのものの問題が自覚され始めてきた。円高に対して、いわゆる内需主導型への切り替えができずに、むしろ非正規雇用の拡大をはじめとする賃金の抑制によって、国際的な競争力を維持しようとしたのである。

　同時に、日本企業は、生き残りのために、海外の賃金の低い地域に向けて生産拠点を移す。これによって、国内産業の空洞化が進み、この傾向が定着することで、国内の雇用は構造的に悪化し、不況も長期にわたり、不況からの脱却がますます難しくなった。

　当時の日本の生産性は高く、日本の労働者の労働は、国際的な批判にさらされるほどの長時間労働であった。この勤勉さとその結果としての国際競争力の強化が円高となって現れ、日本の産業を空洞化させ、日本経済を困難な局面に追い込んだと言える。変動相場制という国際通貨システムが、競争力の向上という努力を正当に評価せず、むしろ努力した国に罰を与える仕組として、日本に立ち現れてきたのである。

　果たして、変動相場制は国際通貨体制として有効な制度だったのであろうか。日本のような純粋な変動相場制をとった国は決して多数ではな

第7章　変動為替相場制

かっただけに、変動相場制が日本経済に果たした役割も問われてきている。

第2節　フリードマンの変動相場制論

　変動相場制の代表者は、ミルトン・フリードマンである。その代表的な論文'The Case for Flexible Exchange Rates（Friedman [1953]）'によって、変動相場制に託されていたものを見てみよう。
　フリードマンが変動相場制に期待したものは次の点である。
　「この制度（固定相場制・・・奥山）がかつては利点があったとしても、現在の経済的政治的条件の下では、適していない。この（経済的政治的・・・奥山）条件は、弾力的変動的為替相場（Flexible or floating exchange rates）をわれわれの主要な経済的目標実現の絶対的な基礎とする。」(Ibid., p.157, 270頁)
　ここで変動相場制とは、公開市場で主として民間の取引で為替相場が決まり、日々変動する相場であるとされる。そしてフリードマンは、変動相場制の目標とは、制約のない多角的な取引による世界共同体の繁栄である、と言う。自由貿易による世界共同体の実現が目標に掲げられているのである。この論文の刊行年1953年にとっては、通貨システムと繁栄や平和とは切り離せない課題であったと思われる。
　為替相場の変動は、黒字国には為替相場の上昇によって輸出を不利にし、赤字国には為替相場の下落をとおして輸出を有利にし、経常収支は調整される。完全な変動相場制の場合は、為替市場に対する公的介入はないので、理論的に公的外貨準備は不要となる。
　フリードマンは、この調整は、仮に国内物価が弾力的に変動するのであれば、同じ効果が得られる、と言う。為替相場が10%下落するのと、物価が10%下落するのでは、その効果は経済的にはほとんど差がないと言う(Ibid., p.165, 278頁)。国際的な競争力は、国内の物価の下落によっても回復するのである。
　しかし、現実には物価は弾力的ではなく、特に賃金は弾力的ではない。

賃金が弾力的でなければ、失業の問題は解決できない。あるいは、場合によっては、失業問題が物価と賃金の両方の低下をもたらすという最悪の事態も起こり得る。

こうした点を考えれば、物価の下落による調整よりも、為替の変動による調整の方が受け入れやすい、というのがフリードマンの見解である。フリードマンの考える当時の経済的かつ政治的な条件からすれば、国際的な経済問題の調整のためには変動相場制を最適とするのである。変動相場制の採用には、賃金切り下げなどの政治的な要因を含む調整の困難さを回避するというねらいがあったと言える。

フリードマンは、変動相場制以外にも、固定相場制の問題を解決する制度として、固定相場で為替レートを頻繁に変える制度や、為替相場の直接的調整のケースを検討するが、いずれもその限界は明らかだ、と指摘する。

その中でも、もっとも有力な理論として、固定相場制の下で外貨準備を増やすという見解を取り上げる。固定相場制の下でも外貨準備を増やすことで政策の幅が広がる、という考え方である。これに対して、フリードマンは、これは一時的な変化に対しては実行可能だが、大規模な長期の変化には対応できない、として批判する。外貨準備には限界があると考えるのである。

そして、フリードマンは、変動相場制に対する感情的な批判を和らげるために、変動為替相場は、いわば「夏時間（daylight saving time）」であり、みんなが１時間早く起きるよりも、使用する時計の針を変えた方が簡単なのと同じだ、と言う。国内の多数の商品の価格を変えるよりも、外国為替という一つの価格だけを変える方が簡単（far simpler）なのだ、と言うのである（Ibid., p.173, 287頁）。夏時間と同じように慣れれば問題はない、と変動相場制の採用に関して楽観論を展開する。

とはいえ、変動相場制に関しては、日々の相場の変動が経営には煩瑣な問題を生じることがついて回る。この点は、変動相場制の採用に際して受け入れなければならないことである。しかし、その変動が大きい場合には、システム自体が不安定な為替相場であるという批判を受けざる

第7章　変動為替相場制

を得ない。これが変動相場制論の最大の難点である。

　この問題に対し、フリードマンは、為替相場の不安定性は為替のシステムの問題ではなく、経済的基礎の不安定性が為替の不安定性に反映したものである、と反論する（Ibid., p.173, 289頁）。実体経済の方の問題と言うのである。その上で、先物市場に強い期待を寄せ、次のように言う。

　「変動為替制度の下では、貿易業者はほとんど常に為替相場の変化を先物市場でのヘッジによってみずからを守ることができる」（Ibid., p.280, 175頁）

　フリードマンには、先物市場のリスク・ヘッジ機能に対する全面的な信頼がある。逆に、先物市場が投機の手段になる危険性に関する認識は、この論文にはない。1992年のポンド危機や1997年のアジア通貨危機など、変動相場制の下での激しい投機と通貨危機の体験からすれば、フリードマンの理解は、楽観的であった。しかし、当時のフリードマンは、先物市場のリスク・ヘッジの機能を信頼し、変動相場制の問題はヘッジのためのコストが増える程度である、と考えていた。

　さらに、変動相場制の下では投機活動が行われることが予想されたが、フリードマンは、投機活動そのものを害とみなす通説についても批判する。フリードマンは、変動相場制の反対論は、この投機を導くということが主要な理由であり、これが当時、変動相場制を排斥するものであったと考え、次のように反論する。

　「私は、実際、外国為替における投機が不安定化をもたらすというのは疑わしいと思っている。いくつかの先行事例とスイスやタンジールその他における通貨の自由市場が証拠となるが、一般的に見て、投機は不安定化をもたらすというよりも安定化をもたらす。もちろんこの証拠は確信を持ってこの結論を導くほど十分に分析されたものではないが・・・。」（Ibid., p.175, 290頁）

　フリードマンは、投機は、不安定化よりも安定化をもたらす、と考えている。

　さらに、投機活動は、実体経済に対する正当な見通しにもとづくもの

であると考えており、為替相場の変更は資源配分の変更を引き起こすことを論じ、その調整を次のように考える。

「変動相場制の下では、外国為替市場がかなり広く自由で、投機者が正しい見通しを持っていれば、対外借入に対するあけすけな交渉がなくても、中間的なペースと時期での調整が行われる」(*Ibid.*, p.185, 300頁)

投機活動は経済活動にとってはむしろ合理的で有益な面を持つと考えられている。投機は大きな富をもたらすものではなく、「自由市場において見通しが正しければ、投機者の利益は、・・・投機者が他の方法で獲得する利子率に近づく」(*Ibid.*, p.184, 300頁)、と言う。投機による莫大な利益にも、最終的には妥当な利益に収斂するような均衡点がある、と考えるのである。

こうしてフリードマンは、投機活動に対しても正当性を認め、一般的利潤率への収斂の傾向を認める。投機の問題は、莫大な利益が一般的な利潤にいずれ近づくかどうかの問題とは異なる。1997年のアジア通貨危機の経験は、投機が引き金となった実体経済の破綻である。しかし、こうした楽観論が理論としての変動相場制の魅力となっていた。

変動相場制の下での公的な介入について、フリードマンは望ましくない、と言う。それは、国の役人が民間の投機者よりも交易の根底にあるような条件を判断できるとは思えないし、調整の速度や時間についても、民間の投機者よりも役人のほうが優れているとは思えないからだと言う。そして、政府の介入に意味があるのは、一国の他国に対する侵略が成功しそうな時に、資本逃避に対して政府が外貨準備で対抗する場合だけになる(*Ibid.*, p.189, 306-307頁)。

また、変動相場制になった場合のIMFの役割について、フリードマンは、その役割はほとんどなく、通貨金融政策についての助言を与えたり、一種の清算機構として働いたりすることだけであろう(*Ibid.*, p.191, 309頁)、と言う。

ところで、変動相場制と金とはどのような関係にあるのか。そもそも二つの国が金と通貨とのレートを固定した場合には、変動相場制ではないことになる。したがって、変動相場制の下では、金の貨幣的な役割は、

信認を強めるための擬制的、心理的なものに限られる（*Ibid.*, p.191, 309頁）、と言う。ただし一国だけが、いわば勝手に金の価格を通貨と固定している場合は、変動相場制と矛盾しないと付言する。

　アメリカがドルと金を固定レートで結んだままでも、変動相場制への移行は可能と考えられているのである。しかし、変動相場制の下では、アメリカは金とドルを結びつける必要はなく、むしろ金に関しては自由な金市場を作って、保有したい人が保有できるようにすればよい、と言う。

　とはいえ、フリードマンは、金が公的な通貨の地位を失い、商品になったとしても、流動性を準備するための安定的な商品として将来的にも必要とされるし、インフレーションを避けるための手段として金は求められる、と言う。しかし、インフレーションの恐れから金を持つようになれば、それが更なるインフレを招きかねないこともある、と指摘する。

第３節　変動相場制の移行

　IMFでは、当初の国際的なドル不足にある程度の解決がもたらされると、今度はアメリカからの金の流出が大きな問題となった。過剰なドルと金との兌換が始まったのである。ロンドン金融市場は1954年に再開されたが、金に対する需要は強く、1オンス＝35ドルを超えた状態が続いた。金高・ドル安に対抗するために、アメリカは金を放出し、アメリカの金保有高は激減した。

　1961年には、金プール制が作られ、8カ国による共同の金市場への介入が始まるが、1968年には崩壊し、金の二重価格制が採用される。1オンス＝35ドルのレートは公的な機関に限定され、各国は金の売却やドルとの交換を差し控えることを求められた。

　ドル不足からドル過剰・金流出問題へと、IMFの抱える課題は推移したのである。アメリカからの急速な金流出と並行して、イギリス・ポンドは、繰り返し危機に見舞われ、切り下げを余儀なくされる（1967）。

ドイツ・マルクの切り上げ（1968）、フランス・フランの切り下げ（1969）が続き、1971年8月15日、ニクソン大統領が、金とドルとの兌換を停止する。アメリカの国内手続きによる一方的な宣言であった。いわゆるニクソン・ショックである。

これはIMF体制そのものの限界を示すものであったが、東西冷戦下でのこれ以上の金流出は、政治的にも許容できなかったものと考えられる。危機に際しての国際通貨として金の果たす役割は大きかったのである。

日本は、ニクソン・ショックから10日間、最後まで円売り・ドル買いの介入を続け、暴落するドルを買い続けることで、結果的に膨大な富を喪失した。当局には、1ドル＝360円のレートを守ることが日本経済の成長を維持する不可欠の要因だという思いが強くあったのである。

同年、12月のスミソニアン協定によって、ドルは、7.89%引き下げられ、1オンス38ドルとなった。この切り下げによって固定相場制が復活した。1ドル＝360円から308円になったが、金兌換は再開されなかった。

しかし、1972年6月のポンド危機によるイギリスの固定相場制離脱、変動相場制への移行に始まり、1973年初めには、各国は変動相場制へと移行した。とはいえ、変動相場制に関しては、IMFの制度改正は長引き、IMF協定の改正案が成立したのは1978年であった。同時に金の廃貨も決まった。金貨幣と変動相場制は、制度的には両立しない。

第4節　変動相場制の諸問題

変動相場制への移行の後、アメリカは、1970年代前半は積極的な為替介入を行わず、ビナイン・ネグレクト（優雅なる無視）の姿勢で、ドル安を是認してきた。しかし、70年代後半から、インフレ対策として為替介入を行い、さらにレーガン政権の下での高金利政策によって、貿易収支が悪化した。この状況を食い止めるために、1985年9月、先進5カ国によるプラザ合意が成立した。

完全な変動相場制が理論的に想定していたものと、現実は異なった方向に進んだ。各国は、為替介入のための外貨を必要とし、変動は介入だけでは食い止められず、為替に対するG5の介入が必要となったのである。

　プラザ合意によって、円高・ドル安は是認され、円は急騰した。この動きはルーブル合意で修正を図られたが、効果はなく、円は1995年には1ドル＝80円を越えた。プラザ合意前は1ドル＝260円だったので、10年間で3倍になったのである。

　固定相場制から変動相場制への移行は、変動相場制が為替システムとして優れていることを確認した上で行われたものではない。変動相場制は、もともと固定相場制が維持できない場合の一時避難の制度であった。

　ニクソン・ショックの4ヶ月後には、固定的な為替レートを修正する形でスミソニアン合意が成立した。この経緯は、可能ならば固定為替レートの方がベターであると考えられていたことを意味する。したがって、1973年の変動相場制への移行は、計画的に準備された移行ではなく、実質的にはなし崩し的な移行であった、と言える。

　変動相場制のもっとも基本的な問題は、日々変動する為替レートにある。企業は、常に為替リスクに備えなければならない。このシステムの下での安定した取引は困難であり、可能ならば為替レートが固定し、かつ貿易が均衡していた方がよい。

　金本位制の場合は、ドルが基軸通貨とならなくても、法定平価と金現送点の範囲内に為替レートが落ちつくので、基本的には固定相場制となる。この点も考えれば、資本主義は長い間固定相場制だったと言うこともできる。慣れ親しんだ慣習からの離脱は、それだけでも不安である。変動相場制の採用は、当初はその運用に確信の持てないものだったと言える。

　とはいえ、変動相場制の理論は魅力的であった。それは既に見たように、理論的には、貿易の不均衡の問題を為替レートの変化によって自動的に修正してくれるものであり、完全な変動相場制であれば、外貨準備

が不要であった。また、為替レートの混乱を予防するものとして、先物市場でのリスク・ヘッジも有効と考えられていた。さらには、IMFの制約からも終わりを告げることができるものであった。

　理論的な関心としては、変動相場制は浸透していた。欧州単一通貨ユーロの理論的な生みの親と言われ、最適通貨圏論を唱えたマンデルも、本来は固定相場制論者ではなく、変動相場制論者であった。

　そして、変動相場制採用後、国際通貨体制が即座に崩壊することはなかったことから、黒字国の輸出にブレーキをかける変動相場制の機能が評価され、市場メカニズムへの信仰が定着していった。

　しかし現在、国際通貨の混乱の中で、変動相場制そのものに対する深刻な反省が生じている。変動相場制のシステムの中で、日米関係、円とドルの関係は大きな問題であった。1985年のプラザ合意は、変動相場制にとって大きな意味を持つ。すなわち、変動相場制では、日米関係の調整がつかず、先進国が協調してドル安・円高の方向に為替レートを誘導したからである。変動相場制の理念からすれば、こうした国家の介入は、望ましいことではない。あくまでも民間の自由な経済活動が為替レートに反映されるべきだからである。しかし、その後、変動相場制は国家間の調整によって為替レートの混乱を回避するようになった。

　1973年以降を変動相場制の時代と言う。しかし、実際には、わが国やアメリカのような完全な変動相場制をとる国の方が限られていた。

　ヨーロッパは、変動相場制への移行を行いつつも、域内には「スネーク」のような一定の狭い変動幅を儲ける固定相場的な制度を実施し(1973)、その上で、ドルに対しては変動相場をとっていた。そして紆余曲折の後、計算貨幣ecu（European Currency Unit）を媒介にして、1999年1月、欧州単一通貨ユーロが登場した。

　単一通貨は、域内固定相場の面も持つ。域内では、固定的な為替相場のシステムを模索し、最終的には域内の単一通貨を実現したのである。このシステムは、変動相場制とは対極に立つ考え方である。ユーロのような広域通貨圏構想が、変動相場制に対するリアルな代替案として登場していたのである。

他方、新興国の多くは、アメリカ・ドルやユーロなど、主要国の通貨に実質的に自国通貨を固定するシステムを採用していた。国際取引の安定性を考えるならば、経済規模の小さな国が変動相場制を採用することはリスクが大きかった。

　変動相場制の時代は、実際には、変動相場制と固定的な相場制が共存する時代であった。現在の国際通貨システムも変動相場制と言うよりは、複数のシステムが共存している時代と言える。

　変動相場制の限界が大きく注目されたのは、アジア通貨危機（1997）であった。アジア通貨危機（第9章、参照）においては、変動相場制や先物市場や投機活動が、想定されていたような健全なものではなく、破壊的で危険なものであることが、明らかになった。この危機の中で、ヘッジファンドが先物市場を利用した投機活動がメディアの注目を集めた。

　変動相場制は通貨に関する市場信仰をともなっていた。商品同様に通貨も自由に売り買いされた方がよいという考えである。しかし、現実には、アダム・スミスの「見えざる手」は貨幣には十分には機能していなかった。

　アジア通貨危機によって状況は異なっている。変動相場制が礼賛される中で、アジア諸国は、実際には再びドルとの固定的なレートを採用している。つまり、変動相場制の唱える合理性は、新興国には受け入れられなかったのである。また、中国は、輸出主導型の経済成長路線をとる中で、元を安くする固定相場制に近い形での管理的な変動相場制をとっている。

　そして、通貨危機の対策として、アジアの新興国は、この危機の教訓から、外貨を大幅に蓄える方向に進んだのである。外貨は貿易の黒字によって増える。外貨の増大それ自身を目的とする政策は、国際的な貿易均衡の視点からすれば、健全なことではない。しかし、自国通貨が攻撃された場合、自己防衛の手段としては、外貨準備を増大させることしかないのである。

　変動相場制は、当初の理念から大幅に離れてしまった。理論と現実と

の違いと言える。変動相場制とその混乱の原因を、金融に関わる経済主体の倫理の崩壊に求めて、規制を強化することによって解決する方向が考えられる。しかし、現在起きている問題は、変動相場制そのものにもとづくものである。固定相場制を維持できずに移行した変動相場制ではあるが、そのシステムが抱える問題も明らかになりつつある。

第 8 章　最適通貨圏とユーロ

第 1 節　ecu から EURO へ

　2002 年 1 月、EU12 カ国がユーロ（EURO）通貨（紙幣・鋳貨）を発行し、2 月には、参加国の通貨は消滅し、完全な単一通貨となる。

　ヨーロッパの通貨統合は経済統合の象徴であり、これは経済的な意味合いと同時に政治的な意味を持つ。ヨーロッパは、20 世紀前半に二度の世界大戦を行い、壊滅的な打撃を受けている。当時ヨーロッパで語られていたのは、経済統合とその象徴である通貨統合は、ヨーロッパ、特にドイツの平和に対する証である、と言うことであった。いわば平和を担保するものとしての単一通貨ユーロである。

　ヨーロッパでは、ニクソン・ショック前の 1970 年 10 月に『ウェルナー報告』が発表され、為替レートの固定と EU 中央銀行設立が提案されている。この構想はニクソン・ショックで挫折するが、現在のユーロの出発点はここにある。

　ニクソン・ショックからスミソニアン体制へと国際通貨システムの混乱が続く中で、ヨーロッパ諸国は、いわゆる「トンネルの中のヘビ」の制度を作り上げる（1972 年 4 月）。これは、アメリカ・ドルとの変動幅を 4.5% 以内とし、その中で、相互の変動幅を 2.25% 以内とするものであった。1973 年 3 月には、国際的な変動相場制に移行し、トンネルの 4.5% は消滅したが、域内のスネークは残り、いわゆる「共同フロート制」がとられ、ヨーロッパ域外に対して変動相場制がとられた。

　変動相場制への移行に際しては、この制度によって国際収支問題が解決し、公的な外貨準備が不要になると主張されていたが、ヨーロッパ諸国は、変動相場制とは別の道を追求していたことになる。

その後、ドイツや他の同盟諸国との政策の違いから、イギリス、フランス、イタリアが共同フロートから離脱すると、再度、通貨統合を目指して、1979年EMS（European Monetary System, 欧州通貨制度）が設立される。為替相場は、ERM（Exchange Rate Mechanism）によって一定幅で固定された。

　EMSが発行したのがecuである。ecuは、ユーロの前身をなす通貨であり、人工的で実験的な通貨であった。ecuは参加各国通貨のバスケット通貨で、紙幣も鋳貨も発行されずに通貨として機能していた。貨幣史においても、ecuは一つの衝撃でもあった。

　ecuは公的な通貨で、計算貨幣、決済手段として使用されたが、金融機関の口座の中を移動するだけで、現物は存在しない。リアル・マネーの全くないところにecuの魅力があった。さらにecuは、公的な貨幣の存在を超えて自生的に民間で使用されるようになり、ecuによる民間取引も行われた。

　このecuの経験がユーロに引き継がれる。マーストリヒト条約（1992年調印、1993年発行）付帯議定書では、単一通貨ユーロの創設が謳われ、1999年、1ecu＝1EUROで引き継がれたのである。

　変動相場制の時代の流れの中で、ヨーロッパ諸国は、固定相場と単一通貨の実験を繰り返していたことになる。

第2節　単一通貨の誕生

　ユーロの導入に際して、マーストリヒト条約では、単一通貨ユーロの参加条件として次の4条件を決めた。

① 　インフレ率：直近1年間の消費者物価指数上昇率が、低位3ヶ国の平均から＋1.5％以内。
② 　長期金利：直近1年間の長期国債利回りが、消費者物価上昇率の低位3ヶ国平均から＋2.5％以内。
③ 　財政赤字：フローの財政赤字が名目GDP比で3％以内、政府債務残高が名目GDP比60％以内。

④　為替相場：直近2年間 ERM の通常為替幅を維持し、中心相場の切り下げを行わない。

　物価の安定、国債が優良であること、健全財政、経常収支の均衡の4条件は極めて厳しいものであった。国債の残高が GDP の2倍になろうとしているわが国は、もちろん、この条件を満たさない。

　現在、債務危機の焦点となっているギリシャは、2001年に EMU に参加した。財政に関するデータに虚偽があったことが後に明らかになる。それだけユーロが魅力的で、かつ参加条件が厳しかったと言える。

　ユーロの誕生によって、17カ国で3億人を超える巨大経済圏が誕生する。GDP はアメリカに肩を並べる規模になる。この市場が、単一の通貨を持ち、一つの欧州中央銀行 ECB（European Central Bank）の下で金融政策を行うことになる。まさに巨大経済圏の誕生であった。

　最適通貨圏論が指摘するところでは、通貨を統合しようとする地域は、経済の開放が進み、財市場が統合され、労働の自由な移動が行われるなど、生産要素の移動が地域内で行われ、経済構造が均質的で、景気循環も同時的で、外的なショックがあった場合もその影響は一様で、金融市場も統合され、経済政策も協調している必要がある。あたかも一つの国家のような実体があることが、単一通貨形成の条件となる。

　ユーロ地域は、他の地域、例えばアジアに比べれば均質的であると思われる。しかし、それは相対的なものである。何といっても、政治形態としての国家を残したままの単一通貨システムにとって、国ごとの相違がどこまで許容されるかの問題は、未知の領域であった。

　特に、各国の財政状況はまちまちであり、統一的な基準で参加条件が決められていたとはいえ、参加のためのハードルを超えるために必要な努力は、国ごとに大きく違っていた。ギリシャの虚偽の報告もこうした中で生じている。労働の移動にも、国家の障壁は除かれても、言語の障壁は残る。労働組合の強いヨーロッパ諸国にあっては、賃金の伸縮性に対しては多くの期待はできない。このことは、価格の伸縮性にも制約となる。

　ユーロ諸国は福祉国家を目指してきた経緯があり、急激な変化は社会

的な混乱を招く。ユーロの主要国フランスは、マーストリヒト条約の批准の国民投票に際して51.05%の支持しか得られず、まさに僅差での批准だった。実際には、政治的社会的な意識を変化させてまで単一通貨ユーロに参加することに対して国内の合意を得ることは、困難な課題であった。

イギリスはユーロに加盟していない。ユーロがドイツとフランス主導であること、イギリスはアメリカとの関係が強いこと、イギリス国内では、大陸ほどユーロが重要な課題として認識されてはいなかったことが理由としてあげられる。

第3節　危機の中のユーロ

ユーロ域内は、実際には、各国の経済状況はまちまちであり、経済の発展は不均等である。こうしたユーロ各国の国内事情の相違は、リーマン・ショックによって明らかになった。リーマン・ショックは、ヨーロッパ金融への衝撃をとおしてユーロの実体経済にも大きな影響を与え、ユーロ域内の不均等発展の問題を表面化させた。

とりわけ問題なのは、金融政策の主体性である。基本的には、欧州中央銀行が統一的な金融政策を行う以上、金融政策の独自性は各国にはなく、特に金利に関しては、個別の政策は不可能である。

他方、財政政策の独自性は保証されていたが、ユーロ加盟国は、健全な財政を厳しく求められており（SDP, Stability and Growth Pact, 1997）、財政政策の実行にも予算上の限度がある。ユーロは、財政赤字がGDPの3%を超えると罰則が課されていたのである。この条件は2005年に緩和されたが、限定的なものであった。健全財政の達成は、ユーロ圏がもっとも重要視する義務なのである。

リーマン・ショックが尾を引く中での2010年5月にギリシャ危機が発生し、危機は、アイルランド、ポルトガル、再度のギリシャ危機、そしてスペイン、イタリアへと波及している。危機に陥った国には、さまざまな資金的支援が行われたが、財政規律の強化を前提としたものであ

ることから、社会的な不満を増大させ、経済危機の克服のための政策が政治的な混乱を引き起こす事態となっている。

現在、外貨準備として保有されている通貨は、ドル62.5%、ユーロ25.0%、イギリス・ポンド3.9%、日本円3.7%である。ドルとの差は大きいが、ユーロが世界貨幣としての地位を占めつつあったことも事実である。国際経済の中でのユーロの存在感は小さくはない。このことは、ユーロがこれまで一定の成功を見てきたことを意味する。

国際金融の標準的な考え方と言われるいわゆる「トリレンマ(trillemma)」、あるいは「不可能な三位一体（impossible trinity）」では、為替相場の安定と金融政策の独立性と自由な資本移動の三つを同時に実現することは不可能だと言われている。ユーロの場合、域内と域外とでは二重の制度をとっているため、いわゆるトリレンマが適応できるかどうかは、必ずしも明確ではない。

域外に対しては、固定相場制を放棄して変動相場制をとり、資本移動の自由を認め、ユーロ圏としての独立した金融政策をとっている。しかし、域内に関しては、単一通貨ユーロを採用することで、各国は固定相場と同じ制度を採用したことになる。同時に、資本の自由移動を域内で認めている。

トリレンマからすると、金融政策の独立性は域内では放棄せざるを得ない。ユーロ圏の金融政策を担う欧州中央銀行は、1998年ドイツのフランクフルトに設立される。そのモデルは、物価の安定を重視し政府からの独立性の強いドイツ連邦銀行にあったと言われる。

しかし、例えば域内の各国の経済状況に違いがあり、バブル状態で好景気の国とデフレーションに苦しむ不景気の国がある時に、欧州中央銀行が低金利政策を採用すれば、不況の国にとっては好ましいが、好景気の国のバブルを促進する。逆に金利を上げることは、バブルを抑制する効果は持つが、不況の国にはダメージとなる。域内の経済が国家単位で異なる時に、域内全体で統一した金融政策をとること自体が、大きな問題を残しているのである。

この問題を含みつつも単一通貨ユーロの創出に踏み切ったのは、域内

での為替リスクがなくなることにある。変動相場制の下での為替リスクの変動は、変動に対する準備金を必要とするだけでなく、経済運営も経営戦略も為替の変動に翻弄されるようになる。こうした問題を回避したことは、ユーロ導入の大きな利点と言える。また、為替の手数料が無くなること、単一通貨によって価格を為替レートで置き換えて比較する必要がなくなり、価格の透明性が保証されることも利点であった。

しかし、ユーロの導入の狙いは、別の点にもある。ヨーロッパ全体がアメリカ主導の世界経済とアジアの勃興の中で、国際的な地盤低下が進みつつあった。こうした長期的趨勢の中で、アメリカと並ぶ広域経済圏を作ることで、国際経済への影響力を復活させることであったと言える。こうした動機と最適通貨圏論とがなじむかどうかは、大きな問題である。

第4節　マンデルの最適通貨圏論

今日、ユーロ危機の只中にあって、ユーロの成立そのものに無理があったのではないか、との批判が巻き起こっている。しかし、現在の危機の中で、金融政策の独自性についても変化が見られる。ユーロ圏では、各国の中央銀行は独自の通貨発行権を認められており、現在のユーロ危機の中では、通貨発行の担保の質を緩和することで、実質的には貨幣供給量の調節という金融政策の独立性を得ている。

とはいえ、現在のユーロの問題の中で指摘されるのは、第1に、金融政策の独自性を放棄した点である。先に指摘したように、景気の状態の異なる国家が併存する中で、統一した金利政策をとることはできない。また、名目金利が統一的な場合には、インフレーションの程度の差はそのまま実質金利の差になり、急激な資本移動を誘発する。

第2に、単一通貨によって為替相場が統一されれば、競争力の差が為替によって調整されることがなくなり、競争力を低下させた国は、ますます不況が深刻になり、競争力を高めた国は、ますます発展する。国別の競争力あるいは成長の違いは、そのままユーロ圏内の国家間不均衡に

反映されるシステムなのである。

　単一通貨圏と地域問題、これはマンデルが最適通貨圏論を論じた際の主要な問題関心であった。ユーロが国家統合を達成すれば、国家間の問題は地域間の問題になり、財政の問題として解決される道が開ける。

　マンデルの最適通貨圏論（A Theory of Optimum Currency Area, Mundell［1961］）は、ユーロの設立の基礎になったと言われる。

　最適通貨圏論は、通常、労働力や資本などの要素の移動性などの条件を指摘するが、本論文では、マンデル自身は、域内での要素の移動性に関しては先行研究を上げており、自らの貢献によるものとは考えていない。

　この最適通貨圏論の論文でのマンデルの問題関心は、母国カナダにあるように思える。本論文では、カナダが変動為替相場の先進国の唯一の例（1952-1962）であること、そして、カナダの実験は、マンデルの評価では、失敗に終わったことが繰り返し指摘されている。論文の最後も、カナダのいわゆる変動相場制がなぜ失敗したのか、その原因を探ることに当てられている[18]。

　マンデルにとっては、問題の焦点はIMFの固定為替相場制の行き詰まりにある。そして、このIMFの固定相場制に対する強力な対抗理論が、伸縮的為替相場制（変動相場制）であった。また、時代背景として、この当時の経済問題は、インフレと失業であると認識されている。この論文の結論部分でマンデルは、カナダの例を持って変動相場制を批判して次のように言う。

　すなわち、最適通貨圏を基礎としない変動相場制は、安定化に寄与するシステムではない。それは、地域間の要素移動性が欠如しているために、一地域の生産物に対する外国での需要の増大は為替を切り上げ、他の地域の失業を増大させる。そして、論文の最後で次のように言う。

　「しかしながら、カナダの実験の失敗は、複合地域国家（multiregional

18）カナダは、1962年5月—1970年5月の間、固定相場制で、その後変動相場制に戻る。

country）における伸縮為替制度の有効性に疑問を投げかけているのであって、単一国家（unitary country）における伸縮為替制度（flexible exchange system）に疑問を呈しているのではないことを、強調しておかなければならない」（*Ibid.*, pp.185-186, 220 頁）

　この一文の含意は、カナダが失敗したのは、変動相場制に一般的に問題があるからではなく、カナダが変動相場制をとったことによる失敗である、ということにある。カナダを複合地域国家とする理由は、後に事例としてあげるように、経済圏が一つではないと考えていたことによる。そして、そのようなカナダが変動相場制に失敗したと考える点が、マンデルの最適通貨圏論の特徴となる。

　マンデルは、当時の通貨システムの問題点を、固定相場制と硬直的な賃金・物価が国際価格の調整を阻んでいることにある、と考える。そして、これが国際収支危機の原因である、と言う。

　これに対して変動相場制論者は、対外収支が赤字の時、固定相場の場合は失業問題が生じるが、変動相場の場合は為替の下落となると言う。対外収支が黒字の場合は、固定相場制ではインフレーションになるが、変動相場制の場合は為替の上昇になる。為替の上昇によって問題が緩和するなら、変動相場制の方が優位であるという主張になる。

　しかし、本当に変動相場制でよいのか、例えばガーナ・ポンドはスターリング地域から離れて独立してもよいのか、EEC（欧州経済共同体）にとっては、変動相場制がよいのか単一通貨制がよいのか。こうした問題も含めて、マンデルは、最適通貨圏（optimum currency area）論によって、地域経済統合と再編（economic integration and disintegration）の意味を考えることができる、と言う。

　マンデルによれば、問題はカナダにあり、それは、国民通貨圏（national currency area）が最適通貨圏（optimum currency area）ではない、ということにある。

　マンデルは、変動相場制の問題を、地域間収支問題を射程に入れて考える。現在のユーロは、単一通貨の導入によって、マンデルの最適通貨圏論における地域間問題が発生していると見ることもできる。変動相場

制の問題に地域間の収支問題を入れて考えることが、マンデルの最適通貨圏論の大きな特徴である。それは、マンデルが地域間と国家間では問題は異なると考えるからである。

そして、独自通貨を持つ国家間では、赤字国の失業問題は黒字国がどれだけインフレを受け入れる気があるかで決まり、単一通貨を持つ多数地域の場合では、中央政府が赤字地域の失業をどれだけ容認するかでインフレの程度が決まると言う。この問題は、黒字国がインフレを覚悟すれば、赤字国の失業問題を解決することができるとも言えるし、または、世界中央銀行を設立することができれば、失業を回避することができるといも言える。しかし、どちらにしても、インフレと失業の両方を解決することはできない、というのがマンデルの主張である。

その上で、「欠陥は通貨圏の型にあるのではなく、通貨圏の大きさにある。『最適』通貨圏は世界ではない。最適性は、ここでは国内雇用と物価水準を安定させる能力の点から定義される」(*Ibid.*, p.179, 212頁)、と言う。

それでは最適通貨圏とは何か。マンデルは、カナダとアメリカを例に出して分析をすすめる。カナダとアメリカの二国とも、自動車を生産している東部と木材を生産している西部とに分かれるとする。ここで、木材製品に対する超過需要と自動車の超過供給が生じたとする。東部では失業、西部ではインフレが生じる。そして、東部の地域収支の赤字により、銀行準備の流出する事態になる。

両国の中央銀行がどう判断しても、失業とインフレの両方をともに解決することはできない。失業とインフレの問題のどちらかを諦めるか、両方少しずつ諦めるかしかない。マンデルの結論は、以下のようである。

「要するに、伸縮的為替制度は、二国間の国際収支状況を是正するのに役立つが、二地域間の国際収支状況を是正するのには役立たない（それが本質にかかわる問題なのである・・・マンデル）。それ故、伸縮的為替相場制度が共通通貨または固定為替相場によって結ばれた国民通貨よりも好ましいとは必ずしも言えない。」(*Ibid.*, p.179, 213頁)

それでは、問題はどのように解決されるのか。

マンデルの結論は、アメリカとカナダのように経済圏と国境がズレているケースは、「要するに国民通貨を捨てて地域通貨をとることで救われる」(Ibid., p.180、213頁)、と言う。
　アメリカ・ドルとカナダ・ドルの二つの国民通貨の体制から、アメリカとカナダの通貨圏を再編し、東部ドルと西部ドル体制にすることで問題が解決すると言うのである。再編の前後で、通貨は二つのままで変わらない。しかし、為替が伸縮的な場合は、西部ドルが東部ドルに対して騰貴するので、西部のインフレ、東部の失業とはならないと言う。
　すなわち、国民国家を基礎とした通貨を経済単位ごとの最適通貨圏に再編し、この最適通貨圏どうしが変動相場制でつながることで問題の解決になるということが、マンデルの結論と言える。次の引用文がこのことを要約している。
　「今日もし伸縮的為替相場制が力を持つとすれば、それは論理的には地域通貨に基礎を置く伸縮的為替相場論であって、国民通貨に基礎を置くものではない。最適通貨圏はその地域である。」(Ibid., p.181、214頁)
　さらにマンデルは、EECは労働移動性に欠けているので共通通貨の条件はないとする説、共通通貨にすると資本移動を促進し自由になるので超国家的雇用政策が必要とするという説も、要素移動性を基準に考えている、と言う。これに対しマンデルは、共通通貨圏の問題は、EEC問題も含めて理論よりも経験の問題であり、さらに、要素移動性は、絶対的概念ではなく相対的概念であり、政治的経済的事情で変わる(Ibid., p.182, 216頁)、とも言う。
　マンデルの最適通貨圏は、地域ごとのまとまりに応じて通貨を発行し、これを変動相場制でつなぐことにある。そうなると最適通貨圏の通貨の数は限りなく増えることになるが、マンデルは、こうした推論には歯止めをかける。マンデルは、通貨の問題は安定化の問題ではなく、利便性の問題であり、ニュメレールとしての利便性や通貨交換の費用を考えれば、少ない方がよい、と言う。
　また、為替市場には一定の規模が必要であり、それは一人の投機家(中央銀行は除く)が影響を及ぼすことができるような小ささ(thin)で

はいけない、と言う。また、伸縮的為替相場の強みは、社会あるいは労働組合は、名目賃金や物価の変動を通した実質所得の変化は受け入れようとしないが、為替レートを通した変化は受け入れる点にある。変動相場制の政治的なメリットからすれば、通貨圏が小さい場合はこういう錯覚が効かなくなるので、通貨圏には一定の規模が必要になる。

　以上の考察をまとめて、マンデルは、「安定化のための伸縮為替制度は、地域通貨圏に基礎を置いているときにだけ正しい」（*Ibid*., p.184, 219頁）、と言う。

　このマンデルの議論とユーロ単一通貨論との整合性は、極めて難しい。マンデルは、通貨の数に関しては論理的には少ないほうがよいとも多いほうがよいとも言っている。もっともマンデルの考えを象徴しているのは、アメリカとカナダのドルを西部ドルと東部ドルにして最適通貨圏として再編する事例だが、これは、森林と自動車というそれぞれ異なる産業をベースとした最適通貨圏である。経済単位であって、国家単位ではない。この事例からは、工業国と農業国とを一括して最適通貨圏が編成されるとは考えにくい。マンデルの最適通貨圏は、経済単位ごとに通貨を発行し、これを変動相場制でつなぐ、という理論であったと考えられる。

　マンデル以降、最適通貨圏論は、その条件やメリットとデメリットなど、理論的にも実証的にも多くの研究が蓄積されている（川野［2007］）。その後のマンデルは、変動相場制の問題点を指摘しつつ為替レートが固定していることの利点を説き、ユーロに大きな期待を寄せる（Mundell［1997］）。しかし、このマンデルの初期論文は、アメリカとカナダの合体による広域経済圏の利点を説いたものではない。最適通貨圏へと通貨地域を再編成し、その間を変動相場制でつなぐ理論である。この本来の理論は、現在のユーロとは必ずしも馴染まない。

　しかし、欧州統合は、国家の廃止による欧州内での恒久平和という長期展望を持つ。さらにアメリカとの関係、そしてアジアとの関係でも、国際的影響力が低下しつつあった欧州の復権をかけた意欲的な計画であった。最適通貨圏よりもより大きな通貨圏を作ることが至上命題で

あったと言える。

　ユーロが目指しているのは、国家統合、したがって統合された軍事力も含む広域的共同体である。この点では、極端な言い方をすれば、最適通貨圏論の意味は、ユーロにとってはあまりなかったのかもしれない。国家間の問題は、国家統一後は、国内問題としてどう解決するかという問題に変化する。したがって、ユーロに対して最適通貨圏論を論じることは、国家統合への過渡期論という制限された課題であったとも言える。もちろんこの過渡期は長く困難であり、現に今、崩壊の危機さえ指摘されている。

第9章　アジア通貨危機

　サブプライム・ローン危機、リーマン・ショック、ユーロの国債危機と続く、国際金融危機の中で、アジア通貨危機の記憶も薄れてきている。また、TPP（環太平洋連携協定 Trans-Pacific Partnership）による日米関係の復活の流れの中で、アジア通貨危機の教訓として叫ばれてきたアジア共通通貨や東アジア共同体論もかき消されてしまっている。

　しかし、アジア通貨危機の問題が消えさった訳ではない。アジア通貨危機は、バブルとバブルの崩壊を巡る負の連鎖とは異なって、経済成長のまっただ中にあるアジアに起きた突発的な通貨危機であった。しかも通貨危機とは言っても、ハイパー・インフレーションによる通貨の機能麻痺を指すのではなく、為替レートという通貨と通貨の関係を巡る激変が、東アジアの健全であった経済、そして政治をも崩壊させた事件であった。

　危機に見舞われた各国は、アジア通貨危機から比較的早く立ち直る。しかし、その危機の原因の解明も、何を教訓とするかも、今尚残された課題である。

第1節　ユーロと東アジア

　アジア通貨危機は、1997年のタイ・バーツの暴落に始まる。そして、東南アジアを巻き込み、韓国、ロシア、アメリカまで飛び火した。国際金融史上のもっとも衝撃的な事件の一つだが、わが国においては、ほとんど記憶に残っていない。わが国への影響が大きく報道されることもなく、分析されることもなかった。中国も含むアジアが、その衝撃を記憶しているのとは対照的である。

これは、アジアの経済的な事件が、世界を驚かせたという希なケースであり、この時のわが国の反応は、むしろ例外であった。アジア通貨危機は、その激発性と波及性において、まさに危機の名にふさわしい歴史的な事件であった。

　アジア通貨危機の後、その教訓を受け止める形で、東アジアにおける通貨の統合や東アジア地域の経済統合について、多くの議論がなされてきた。しかし、今、こうした議論は方向性を失い、宙に浮いている。

　そのもっとも大きな原因は、現在進行しているユーロ圏の経済危機である。ユーロ圏は、リーマン・ショック以降の国際金融危機の影響を受け、ユーロ経済圏そのものが崩壊を危惧されるほどに深刻な事態に直面している。危機の発生以来、何度も危機の終了宣言が出され、楽観論が語られては裏切られている。その繰り返しが、ユーロ圏に対する不安を掻き立てている。安易な危機収束宣言のせいもあって、かえって次の危機発生源がどこに潜伏しているかわからないという不安が、世界に広がっているのである。

　ユーロの経済危機は、アメリカのバブルの崩壊がユーロに飛び火した問題である。確かに現状では、通貨システムとしてのユーロそのものの問題があったと論じられている。しかし、ユーロ通貨システムそのものよりも、ユーロの金融機関の問題である。あるいは、その根底にドルを中心とする国際通貨金融システムの下での過剰なドルの発行の問題を指摘することもできる。

　発端となったのは、アメリカの新しい金融商品の危うさの問題であった。アメリカの金融商品に魅力を感じて資産運用をしていたヨーロッパの金融機関の行動の問題でもある。こうした問題に関しては、BISSを中心に検討されている金融システムの規制の強化が、問題解決の正道であろう。

　単一通貨ユーロの問題とバブルとその崩壊を導いた金融システムの問題とは、本来は分けて考える必要がある。通貨圏としてのユーロは、アジア通貨危機の教訓としての東アジアにおける統一通貨の流れや東アジア経済統合の流れを作ってきた。もちろん現状では、ヨーロッパで無理

なことはアジアには不可能であると受け止められている。こうした受け止め方は、ユーロにとってもアジアにとっても不幸なことである。

　アジア通貨危機と欧州単一通貨ユーロ形成は、対照的な出来事として受け止められていた。アジア通貨危機が勃発したのは1997年7月である。この時、ヨーロッパは単一通貨の形成に向けて着実に歩みを進めている時期であった。ユーロは、欧州のレベルではあるが、国家を越えた単一通貨の夢を抱かせたし、欧州中央銀行もまた、将来の世界中央銀行のモデルを思わせた。そして、ユーロの誕生が1999年1月である。

　アジア通貨危機の反省の先にはユーロがあった。アジアは、こうしたユーロの動向を見て、最適通貨圏論と言うよりも、弱小な新興国の通貨防衛策として、強大な通貨圏を構想した。だが、アジアにはユーロのような国家統合の意図はない。

　経済協力に関しても、ユーロ圏のecuのような通貨統合の経験はない。東南アジアは相互協力の歴史と伝統を持つが、東アジアの日本と中国と韓国とが話し合いで統合に向かうことは考えられない。アジア通貨危機は、アジア各国が、個別の規模の小さな為替市場であることが、通貨危機に対する対応の弱さとして指摘され、アジアにおけるユーロのような広域通貨圏の確立が、通貨危機を防ぐものと考えられたのである。

　これは、アジア通貨危機の教訓がなによりも投機的な投げ売りに対抗する、という点に置かれていたことを意味する。そのためには、成功裏に進んでいた当時の欧州単一通貨ユーロが、模範解答を与えてくれたのである。

　付言すれば、アジア通貨圏構想やアジア共同体は、政治的なパフォーマンスの意味合いも持っていた。具体性がないまま、通貨統合から一歩進んで、東アジアにおける経済統合を求める議論となった。小泉首相自ら提唱する政治課題にさえなり、民主党政権にも引き継がれた[19]。

　しかし、ヨーロッパの国債危機は、アジア通貨危機の教訓と言われた

---

19) 経済産業省ホームページ http://www.meti.go.jp/policy/trade_policy/east_asia//activity/about.html、参照

東アジアにおける統一通貨構想の意義を弱体化させた。現在、アジアの通貨統合を求める声は聞かれなくなった。ユーロでさえ苦境に陥るのであれば、東アジアの単一通貨の可能性はほとんどない、と考えられるようになったのである。

なによりも、統一通貨の実現可能性の最大の根拠の一つである地域間の均質性の問題は、ユーロに比べてアジアの方がはるかに不十分である。ユーロの経験は、同じことが起きたらアジアはひとたまりもない、と思わせるのに十分であった。

しかし、アジア通貨危機の教訓が投げ売りから自国通貨を守るということであり、東アジアの通貨統合がその手段であるとすれば、広域経済圏という大がかりな構想は必要ない。事実、リーマン・ショック後の東アジアは、通貨危機を再発させることはなかった。しかし、国際的な危機を軽微なものとして吸収し得たのは、広域経済圏の方向を持ったからではない。各国が通貨金融危機に備えて、膨大な外貨準備を備えていたからである。地域統合ではなく、外貨準備の増大によって自己防衛し、危機を免れていた（西尾 [2011]）。

しかし、外貨準備を増大させるということは、通貨危機を緩和するために黒字を追求するということにつながる。すなわち、貿易の不均衡が、経済危機を回避する手段となっているということであり、国際経済にとっては不健全なことである。しかし、現在、アジア諸国は、アジア危機の教訓として、広域通貨圏を作ることよりも、個別の外貨準備を増やすことを目指している。

ところで、実際の東アジア地域統合論は、政治的でもあった。なにより東アジア共同体構想は、中国のアジア戦略とも合致していた。この問題に対して、中国が積極的にリーダーシップをとっていた所以である。

この問題には、中国と日本との主導権争いが潜伏していた。ASEANに日本・中国・韓国を加えた（いわゆる ASEAN + 3）枠組に、日本としては、オーストラリア、ニュージーランドを含め、さらにはアメリカとも関わることが中国との政治的な綱引きの上では重要な問題となっていた。中国にとっても、TPP問題で日米関係が復活するまでは、東アジ

アの経済統合は、アジア外交上の重要な戦略であったと言える。

しかし、アメリカが主導するようになったTPP構想は、この中国の基本的なアジア戦略を崩すものであった。中国とTPPとは基本的に相容れない。TPPは、関税の撤廃と同時に、国内的な経済システムの自由化を強く要求するものである。社会主義体制の下で、国家主導の経済運営を行っている中国にとっては、TPPの基本的な理念とは相容れないものが多く、参加のためのハードルは高い。参加は事実上困難である。あるいは、中国の参加しにくいシステムをアメリカが主導し日本が参加するということが、TPPの政治経済学であり、アジアをめぐるアメリカと中国の対立関係を示すものである、と言える。

ユーロ危機と日本のTPP参加問題によって、東アジア統一通貨問題や地域経済統合問題は衰退した。アジア通貨危機からの教訓と言われた解決の方向性は消えつつある。

第2節　アジアの奇跡の成長と通貨危機

東アジアの急成長は、1993年に世界銀行の発表したレポート『東アジアの奇跡―経済成長と政府の役割』(EAST ASIA MIRACLE: Economic Growth and Public Policy, A World Bank Research Report) のタイトルに見られるように、世界に注目された。特にタイは急成長を遂げ、バーツ経済圏の形成を国策とし、1991年には近隣諸国に対するバーツの持ち出し限度額の引上げを行っていた。

国際的には、アジアに関しては「奇跡」の文字が乱舞していた。「東洋の奇跡」(日本)、「漢江の奇跡」(韓国)。アジアNICsあるいはNIEs (Newly Industrializing Economies、新興工業経済地域、韓国・台湾・香港・シンガポール)。

アジア通貨危機は、タイに象徴されるようにアジアの成長のただ中で起きた。タイの実質成長率は、1987年に9.5%となり、1988—90は平均12.2%、91—95までの6年間は、平均8.6%であった。1996年のGDPは、1819.5億ドル、東南アジア全体では、インドネシアの2273.7

憶ドルには及ばないが、インドシナ半島では突出した存在になっていた。

87—95 の期間の物価上昇率は 4.6% であり、対 GDP 比の財政収支は、96 年 1.6%（プラス）で、累積債務は、1996 年末で 50.1% であり、財政も健全であった。しかし、1996 年の輸出の対前年度比は 0.3% 増でほぼ前年度並みで、1995 年に対前年度比で 12.4% の伸びを示していたのに比べれば、伸び率としては大幅な減少であった。

経常収支は、1990—1994 年の 5 年間は約 70 億ドルの赤字であったが、95 年に 132.3 億ドル、96 年に 143.5 億ドルと赤字は急増していた。経常収支の対 GDP 比も 95—96 年と▲8.1% で、92—94 年が 5% 台であったのに比べて、明らかに悪化している。フィリピン、マレーシア、インドネシアなども、経常収支は赤字であるが、95—96 年のタイの落ち込みはとりわけ大きい。

円とドルの関係は、プラザ合意（1985）の前の 1 ドル＝260 円から 10 年後の 1995 年には 1 ドル＝80 円を上回る事態さえ起きていた。この間、アメリカの経常収支の赤字も日本の黒字も解決されることはなかった。

1995 年に 1 ドル＝80 円を超える高値を記録した円は、1998 年まで反転して円安となり、1997 年には 120 円台、1998 年には 130 円台になっていた。8 月には 1 ドル＝140 円を切っている。短期間ではあったが、1995—1998 年は、急激な円安の時期であった。これにともなって、日本の輸出は、1995 年に前年 3%。1996 年に 8%、97 年に 14% と、大きな伸びを示している。96 年と 97 年、日本は 2% 以上の実質経済成長率を示している。ドルに対する円安とドルにペッグしていたアジア通貨に対する円安が、1990 年代に急成長を遂げていたタイには不利に働いたと考えられる。

この円安は短期で終わり、日本経済は再び不況の中での円高に苦しめられるようになる。競争力の向上が円高にはね返り、変動相場制が、自らの首を絞める役割を果たしていたのである。

しかし、不況の中で、日本経済が一息ついたのが、この短期の急激な

円安の時期であった。そして、アジア通貨危機はこの時に起きた。日本の一時的回復とタイの輸出の激減による経常収支の悪化とは連動している。

タイは、実質的なドル・ペッグ制をとっていた。アジア通貨危機によって変動相場制に移行するまでは、ドルに対して、ほぼ固定的な比率を維持している。このことが輸出条件を悪化させていたと言える。

そうであるとすると、ドルとの実質的な固定相場の国と日本のような変動相場制の国とがアジア圏で併存していたことが、タイ・バーツが攻撃された原因であったと言える。5年前の1992年には、ヘッジファンドはポンドを攻撃し、イギリスを窮地に追い込んでいる。これがジョージ・ソロスの名を世界に知らしめた。こうしてイギリスを追い込んだ実績からすれば、タイを発火点にアジアに火がついても、不思議でないと思える。

為替の変動に直接的に影響するのは経常収支である。経常収支の赤字にもかかわらず、固定相場制を維持し安定的であったアジア諸国に、膨大な資金が流入し、アジア全体の成長率は、90—96年の平均で8.7%であった。

高い成長率と通貨の安定性から、海外からの資金はアジアに流入し、1996年末の累積債務の対GDP比は、インドネシア56.7%、タイ50.1%、マレーシア40.1%、フィリピン48.7%と巨額に上っていた。ちなみに、台湾10.1%、韓国23.2%、香港21.2%、シンガポール10.7%、中国15.6%、である。

アジア通貨危機による通貨の下落幅は、97年6月—98年8月で、インドネシア78.3%、タイ41.4%、マレーシア39.8%、フィルピン39.8%、韓国34.2%、台湾20.2%、香港0.0%、シンガポール19.5%、中国0.3%である。累積債務の多い国がダメージを受けたことになる。通貨の下落は、そのまま債務の増大につながる。通貨の下落が債務を増大させ、経済を破綻させたのである。

この資本流入は、金利が高かったことも手伝って、短期資金に依存した国で増加し、特に、短期債務のGDP比では、インドネシア55.3%、

タイ49.9%、韓国42.9%がとりわけ高く、台湾、マレーシア、フィリピンが10%台、香港7.2%、シンガポール1.3%、に比較すると突出している。

流入した短期資金で国内に長期で貸し出していたことは、アジアの成長を支えると同時に、危機に際しては国内経済を悪化させる大きな要因となった。短期資本の流入に依存していた国のダメージが大きかったのである。

危機の原因はさまざまに考えられる。当時、一世を風靡していたのがクローニー・キャピタリズム論であった。アジアの発展が、血縁や縁故などの遅れた閉鎖的なシステムの中で行われていたということが危機の原因とされたのである。

このことは、アメリカのような情報を開示した進んだシステムの下では通貨金融危機は起きない、ということを意味していた。危機に見舞われたアジア諸国は、IMFの援助を仰ぐための条件として、緊縮的な財政と経済システムの自由化を求められた。

しかし、アメリカの大手金融機関LTCMが破綻の危機に瀕し、莫大な援助によって救済されるに至って、クローニー・キャピタリズム論は消え（MacLean [1999a]）、現在では、アジア通貨危機の解説書にとりあげられることもない。研究史から消え去ったかのようである。クローニー・キャピタリズム論の消滅は、アジア通貨危機が遅れた国の問題ではなく、今日の通貨金融システムにつきまとう問題であることを物語る。

アジア通貨危機以前の資金の流入と危機の発生による短期資金の逃避的な流出は、危機の原因そのものではない。外資の流入それ自体が危機をもたらすわけではなく、危機に際して短期資金が逃避することは、危機の結果である。

危機のきっかけをなしたものとして、ヘッジファンドの投機的な行動は、メディアにも大きくとり上げられた。マレーシアのマハティール首相のヘッジファンドに対する激しい批判もあった。ヘッジファンドの資金がアジア通貨危機をもたらすほどの影響力を持っていたかどうかは検

討を要するが、タイ・バーツに売りが浴びせられ、アジア通貨が次々と売られ、希に見る通貨危機が生じたのは事実である。

その強烈な広がりと感染性からして、国際通貨金融史上に残る事件であった。先物市場が騰貴の手段として利用され、この経済危機の中で巨万の富を得た存在があった。現代の国際金融の理不尽な側面が浮き上がった事件として記憶されるべきであろう。

この危機は、タイ、インドネシア、マレーシア、フィリピン、少し遅れて韓国、そしてロシア（1998）に波及し、アメリカのLTCMの破綻につながる。その特徴は、先に見たように、なによりも経済も財政も順調に推移していたアジアで通貨危機が生じたということである。実体経済の問題が通貨金融に反映するということであれば理解可能だが、そうではなく、あまりにも唐突な危機であった。

唯一の問題は経常収支であり、特にタイは急激に悪化していた。経常収支は、為替レートの最大の決定要因の一つである。経常収支の悪化したタイが、ピンポイントのターゲットとしてねらわれた可能性は、十分にあったと言える。

しかし、タイの経常収支の悪化は、アメリカの高金利政策による急激な円安にあった。1973年以降の変動相場制は、当初の変動相場制への期待とは、別の経緯をたどっていた。すなわち、変動相場制は公的準備を不要にするという最大のもくろみは外れ、各国の為替介入は頻繁に行われた。また、変動相場制は、経常収支に均衡をもたらすことはなかった。

アジア通貨危機後、マレーシアは固定相場制を採用して危機を乗り切るが、危機に遭遇した国のほとんどは、変動相場制に移行し、IMFの管理下に入って援助を受けた。

国際金融の不可能な三位一体、あるいはトリレンマによれば、為替相場の安定と資本の自由移動と金融政策の独立性の三つは、同時には成立せず、三つのうちの一つは放棄しなければならない、と言う。

タイはオフショア市場を開設し（1992）、資本の自由移動を認め、アメリカ・ドルとの関係で実質的な固定相場制をとっていたのだから、金

融政策の独自性は放棄しなければならなかった。しかし、主権国家が金利政策を放棄することは現実的には困難である。そうであるとすれば、資本の自由化を認める国、特に外資によって経済成長を達成してきたアジアは、変動相場制をとるしかない、ということになる。

第2次世界大戦後の世界は、東西の冷戦と南北問題によって成り立っていた。北と南の経済格差は重要な問題であり、南の国は貧困から抜け出せないでいた。格差は開く一方で、北の繁栄と南の貧困を因果関係で説明する両極分解論が主流となっていた。

この世界経済の枠国を崩したのが、アジアNIEsであり、一連のアジアの奇跡であった。先進国からの援助ではなく、外国からの資金の導入が成長の鍵となっていた。したがって、資本の自由移動は、アジアの成長モデルの特徴である。そうであるとすると、アジアは変動相場制になるしかない。不可能な三位一体の理論からは、こうした結論がアジアに突きつけられる。世界を変動相場制に導くための理論とも言える。ユーロの試みは、このドグマを崩す意味を持っていた。

第3節　アジア通貨危機後のアジア

タイ・バーツの暴落は、短期資金の引き上げを加速化させ、アジア諸国に波及し、インドネシア、さらにはフィリピンにも大規模な政変を招き、政治経済の混乱を導いた。経済危機が政治危機に波及したのも、この危機の特徴である。

アジア通貨危機は政治危機に直結し、アジアの政治体制を転覆させた。インドネシアのいわゆる開発独裁型の経済成長路線に終止符を打ったのである。長期にわたって政治的独裁による経済開発を推進し、独裁政権の下での経済成長の成功モデルとなっていたスハルト体制が崩壊したのである。

また、タイ愛国党のタクシンが予想外の圧倒的な勝利（2001年1月）を収めたのは、チュアン前首相の導入したIMF主導の経済復興が不人気だったことが要因の一つとされている。フィリピンもまた、ラモスか

らエストラーダ（1998）へ、そしてアロヨ（2001）へと実質的に二度の政変劇があった。韓国は1998年2月、経済混迷が続く中で、長く野党にいた金大中が大統領に就任した。アジア通貨危機の影響は、アジアの政治も大きく変えたのである。アジア通貨危機の衝撃をここにも見ることができる。

　見方によっては、日本もこの中に含まれるのかもしれない。日本は、プラザ合意後、円高不況に苦しみ、解決の糸口をアジアへの生産拠点の移動に見い出した。これは国内産業の空洞化を招き、高度成長期以降初めて、わが国に深刻な失業問題をもたらした。

　多くの製造業が、タイ、インドネシアなどに進出していた。製造業は金融業とは異なる。危機に際して簡単に逃げることはできない。身軽な逃げ足の速い金融セクターのようにはいかないのである。危機の中で莫大な利益を上げた国際的な金融機関とは対照的に、タイやインドネシアに進出していた日本の製造業は、大きな痛手を被った可能性が高い。日本経済は、不況の中での回復を見ていたにもかかわらず、アジア通貨危機後、本格的に不況のただ中に沈んでいく。

　アジア通貨危機後、不況の中での消費税の増税、金融の自由化、山一証券や北海道拓殖銀行の破綻が続き、わが国は1998年以降、出口の見えない不況に陥っていく。アジア通貨危機は、橋本政権交代の伏線となっていた可能性もある。

　アジア通貨危機後、アジアの国々は変動相場制に移行したが、しかし、徐々にドルとの固定相場制に回帰した。そして、より弾力的な為替相場に移行し、同時に外貨準備を急増させた。今では、アジア諸国は外貨をアジア通貨危機前の7倍保有している。

　多くの国は、不可能な三位一体の理論とは異なった政策をとった。すなわち、為替相場制度を、完全な変動相場制か固定相場制しかない、という二者択一の選択肢としては受け止めなかった。アジア各国は、固定的な為替相場に変動幅も持たせる制度や、弾力性を持たせたバスケット通貨にリンクする方式をとって、いわゆる中間的な為替相場制度を採用している。ただし、実質的にはアメリカ・ドルとの関係を強く持った制

度となっている。

　アジア通貨危機後、日本はアジア IMF（AMF）構想を計画する。円の国際化への挑戦でもあった。しかし、この構想は、アメリカと中国の反対にあって挫折する。大蔵省は、アメリカの反対をかいくぐるために、多国間の通貨金融制度を作るのではなく、二国間の関係を多数結ぶ、つまり、個別的な援助を多数行う構想を作る（岸本［1999］）。

　1998年10月、通貨危機に見舞われたアジア諸国に対し、150億ドルの中長期資金、150億ドルの短期資金、総額300億ドルの援助を行う新宮沢構想が打ち出される。「300億ドル」と言えば、一見ドルでの援助に見えるが、たんなるドル換算の表記であり、援助は「円」で行われる。アジアに対する円の国際化の一環となる重要な、しかし、最後の戦略だったと言える。

　その後の長期にわたる日本経済の低迷の中で、現在では、日本は円の国際化の路線を捨てている。円の国際化の構想は挫折したが、東南アジア諸国連合（ASEAN）プラス日本、韓国、中国の三ヵ国による2000年5月のチェンマイ合意や、自由貿易協定などによる地域統合の動きが、この構想の背景にある。

　しかし、アジア統一通貨の声とは裏腹に、アジア諸国はドルに回帰した。現実の動きは、ドルは再びアジアの国際通貨として復権したのである。ロナルド・マッキノン（Ronald McKinnon）は、この状況の中でアジアのアンカー通貨は事実上ドルになっており、日本もドルを使用したらどうかと主張する（Mackinnon［2001］）。円の最後の賭けが潰え去ったことを踏まえてのことである。アジアを巡る日本のアメリカへの挑戦は終わったと言える。

　マレーシアのマハティール前首相はアジア金本位制を主張する。『アエラ』[20]（2003年1月27日号）によれば、同首相は、2002年12月、塩川財務大臣に、アジア金本位制の話を持ちかけたと報じている。マレーシアは、アジア通貨危機に際して、他の諸国が変動相場制に移行する中

20）『アエラ』2003年1月27日号「ドル暴落が日本を襲う」、朝日新聞出版。

で、資本取引規制と固定相場制をとるという独自の政策で危機を脱しているいる。

　金本位制は金を国際通貨とする固定相場制である。しかも、金は特定の一国に属さない。シニョレッジにも中立である。マハティール首相はこの利点を強調している（『日本経済新聞』2002年2月15日）。他方、この主張に対しては、アメリカへの反発、イスラム教徒との連携（『日本経済新聞』2002年9月15日）などの意図があったとも報じられている。

　マレーシアでは、実際に金貨も発行されたが、アジア金本位制への動きはない。

第4節　アジア通貨危機の教訓再考

　アジア通貨危機の教訓として華々しく言われていたものは、アジアにおける統一通貨と東アジア地域統合論であった。しかし、先にも指摘したように、この議論は多かれ少なかれ政治的なパフォーマンスであり、その現実性、政治的な本気度も、日本においては疑問符のつくものであった。ユーロのまねをしようとしただけであったのかもしれない。したがって、ユーロの「失敗」が叫ばれる中で、お手本が消え、教訓を生かす道も途絶えたのである。

　他方、実務的なレベルで積み上げられてきたチェンマイ合意による通貨スワップが、現実的な遺産として残っている。そして、アジアは、リーマン・ショック以降の国際的な経済危機を、おそらくは大量の外貨を貯め込むことで乗り切っている。アジア通貨危機の教訓は、なによりも集中的な投げ売りに対応することであり、チェンマイ合意は、これへの地道な対応策である。また、国際経済全体にとっては、不健全な方策ではあるが、現実的な対策である。

　投機家の行動を予想することは困難である。国際的な金融セクターは、1992年にイギリスを追い詰めた力量からすれば、1997年にタイを追い詰めることも可能であったろうし、今後もこうした破壊的なビジネスチャンスをねらい続けるであろう。

第9章 アジア通貨危機

変動相場制の採用以前に変動相場制に期待されていたものは、公的準備を不要にすることであり、国際的な需給関係、したがって経常収支を自動的に改善することであった。変動相場制が投機を招くことは、十分に認識されていたが、先物市場でのヘッジが混乱を防ぐ、と広く信じられていた。また、フリードマンは、投機家は公の機関よりも遙かに実態に通じ、現実を先取りすると主張していた。現在も投機によって為替や債券を暴落させることで経済のゆがみを正す、という投機に対する弁護論がある。

しかし、変動相場制へのこうした楽観論はアジア通貨危機には当たらない。アジア通貨危機以前のアジア経済は、健全に成長していた。そして、アジア通貨危機後、危機にあった諸国は、比較的早期に経済を立て直している。このことは、アジア通貨危機がアジアの実体経済に問題があったのではないことの傍証と言える。

通貨危機直前のタイの経常収支の悪化は、急激な円安ドル高がドルにリンクしていたことが不利に作用したのである。変動相場制と実質的固定相場制の併存というアジアの国際通貨システムの問題が大きい。この点では、アジア諸国が安定的なアジア通貨を構想することは、依然として必要である。

また、アジア経済が透明性に欠け、縁故主義の遅れたシステムだから通貨危機が起きた、というクローニー・キャピタリズム論は、先進国にはこのような危機は起きないということを前提としていた。しかし、アメリカのLTCMの破綻によって、金融危機は先進国にも起きることが明らかになった。サブプライム・ローン危機、リーマン・ショック、ヨーロッパの国債危機と、金融危機は繰り返し生じ、長期化した。このことは、金融危機は遅れた国の話であるという見解を消し去った。

アジア通貨危機は、アジアの問題ではなく、国際的な通貨金融システムの問題であり、ましてその解決はアジアだけではなく、最終的には国際通貨システム全体の問題として検討されるべきであろう。

現在、アベノミクスが実行に移され、急激な円安が進んでいる。物価の2%程度の上昇を目的とした大量のマネタリーベースの増加が行われ

ようとしている。マネタリーベースの増加は、実際には日本銀行によってこれまでも何度も行われてきたが、物価を上昇させる効果はなかった。

しかし、今、アベノミクスが叫ばれ、「異次元」の量的緩和と言われる政策によって、為替には影響が出ている。1ドル＝70円台の半ばだった円は、90円台半ばになり、100円を目指している。こうした動きは、1995年に80円を越えた円・ドル為替レートが、1998年には140円を下回ったことを想起させる。日本の輸出は、1996年と97年には、平均11%の伸びを示した。日本のGDP成長率は、1997年で2.2%であり、この時の円・ドル相場は1ドル＝120円であった。

2.2%のGDP成長率が、1ドル＝108円（1996）から120円（1997）のレベルで達成されると見込んだとしても、今日の不況にあえぐ国際社会がこの状態を許容するとは思えない。

アジアの新興国には、アジア通貨危機の記憶がよみがえっている。円安がアジアの輸出を抑え、このことが経済の停滞につながり、場合によっては通貨危機を呼び起こすのではないか、という不安である。

アジア通貨危機の時期は、世界経済は全体としては余裕があった。アメリカは東欧社会主義崩壊後の唯一の超大国として君臨していたし、ヨーロッパはユーロ創設前の勢いを持っていた。アジアも奇跡の成長のただ中にあった。むしろ、現状の方が状況は悪い。ヨーロッパもアメリカも経済は停滞基調にある。

日本の量的緩和は、日本経済の立て直しや、日本が世界に流動性を供給する限りでは許容されるが、日本だけの一方的な円安には限度がある。アジア通貨危機の時とは異なって、アジア各国が既に膨大な外貨を貯め込んでいるが、日本の量的緩和政策が新興国に経済的な圧迫を与える可能性はある。こうした受け止め方も、アジア通貨危機の教訓による。

変動相場制と固定相場制が入り組んだ変則的なアジアの国際通貨システムは、そのシステムの中に通貨危機の要因を持っている。国際通貨システムは、国際的な視点から解決されるべきだが、各国の通貨システムは、各国の事情によって選択されている。そうであるとすれば、暫定的

な方策としてアジア独自の安定的な国際通貨システムを模索する意義は、依然として消えてはいない。

資料
経済企画庁編『平成10年度版　世界経済白書』、大蔵省印刷局。
IMF Currency Composition of Official Foreign Exchange Reserves IMF-World Economic Outlook Databases（2013年4月版）

第10章　国際通貨の展望

第1節　国際通貨システムの改革

　リーマン・ショックは、貨幣の幻想を揺るがせる事件であった。リーマン・ショック後の深刻な国際金融危機の中で、2009年3月、中国人民銀行の周小川総裁は、現在のドル中心の国際通貨体制に代わる通貨体制を提案した。それは、ブレトンウッズ会議で提案されたケインズのバンコールのような超国家的な準備通貨の創出を長期的目標に、短期的には現在のIMFのSDRを国際貿易や金融取引に拡大して使用することを提案するものであった。

　さらに、SDRの構成は、ドル、ユーロ、円、ポンドの四カ国通貨であるが、これに元を加えるよう提案していた。バスケット通貨にはバスケットを構成する通貨を発行する諸国の協調が必要であり、この点では、元の参入は難しい。しかし、この周発言以降現在も、中国は元の国際化に積極的な姿勢をとっており、また、通貨の信認を得るために金の保有を増やす政策をとっている。

　現行のドルを基軸とする国際通貨システムについては、当初からいわゆるトリフィンのジレンマが指摘されていた。すなわち、基軸国の赤字による国際的な通貨の供給は、基軸通貨そのものの信認を揺るがすということである。これは、一国の通貨を国際通貨とする基軸通貨制度をとった場合につきまとう基本的な問題である。

　特に、ニクソン・ショック以降は、金とドルとの兌換が停止され、ドルの価値の安定は、金によって保証されることはなくなっている。こうしたシステムの下では、トリフィンのジレンマの指摘する問題は、ますます重要な意味を持ってきている。ニクソン・ショック以降、ドルは急

速に増発され、ドルの増発とともに、国際的な通貨金融危機は繰り返されている。

　基軸通貨国は、国際通貨の発行権を持つ国として、シニョレッジを得やすい立場にある。常識的には、アメリカは基軸国の有利な立場を手放すことはないと考えられている。ドルは、現に国際通貨としてもっとも利便性の高い通貨である。原油やアメリカの金融商品を始め、ドルを必要とする取引は、大きなウエイトを占める。国際通貨としてのドルの需要は大きく、各国の外貨準備もその多くはドルに依存したものになっている。現在の国際通貨システムの変更のハードルはかなり高い。

　しかし、国際通貨改革の実現性の問題とは別に、現状の国際通貨システムが十全なものではなくなってきているという認識は、確実に広まっている。そのベースには、ニクソン・ショック以降の国際通貨システムは、金本位制の歯止めを完全に取り払っていることがある。特に、リーマン・ショック後のアメリカの量的緩和政策は、これまでの通貨供給の常識を超えた規模での通貨供給であり、歴史的には未知の領域に踏み込んだものである、という危惧の念がある。

　これまで論じてきたように、不換紙幣のもっとも危険な点は、発行量に限度がないことである。現在は、長期の不況によって、通貨量の増大が物価の上昇につながることはない状況にある。しかし、不換紙幣の価値は、人々の信認に依存しており、それはいつのどのようなきっかけでも崩れる。政治的な事件であっても、金融市場の混乱であっても、通貨そのものへの不信であっても、不換紙幣による通貨システムは崩壊する。不換紙幣の増発は、危険と裏腹の通貨の膨張である。現在は、ドルもユーロも円も、危うい状況の中にあると言っても過言ではない。

　現在も続く国際金融危機が、バーゼル合意に代表されるような金融機関や金融市場の規制の留まるのか、それとも国際通貨システムそのものの改革に踏み込むのか、今後の世界秩序のあり方にとってもっとも大きな問題の一つと言える。この点で、中国の提案は、基本的な問題を提起したと言える。

第２節　金本位制崩壊の教訓

　ケインズによるバンコールの提案は、イギリス金本位制の経験と、二度の世界大戦における国際通貨システムの崩壊とを踏まえて構想されている。

　イングランド銀行は、ナポレオン戦争期の1797年に金との兌換を停止し、ナポレオン戦争後の1816年以降、金本位制の制度を整え、1844年のピール条例にもとづいて、国内での金本位制を確立する。ピール条例は、地金論争における地金派、通貨論争における通貨学派の勝利を受けて、1400万ポンド以上のイングランド銀行券の発行に対して、完全な金準備を求めるものであった。

　この制度は、通貨価値の安定という点では大きな貢献をしたと言われる。金と貨幣がリンクしている限り、不換紙幣のような激しいインフレーションは生じない。この制度は完全な金本位制ではなく、金兌換の経験から、1400万ポンド分のイングランド銀行券については金準備を義務付けていない。この点では、マルクスの流通手段としての貨幣の紙券化の根拠になる。

　しかし、他方で、1400万ポンド以上の紙幣の発行に完全な金準備を求めることにより、貨幣が必要な時に、金の絶対量に制約されて経済的な危機が激化する。そして、これによってピール条例が停止に追い込まれることもあった。こうした事態は、金の絶対量によって資本主義経済の成長が制約される、という根本的な問題を投げかけるものであった。

　イギリスの金本位制は、イギリス産業資本が世界に唱える時期と重なっており、イギリスの制度を受け入れる形で、国際的な金本位制が1870年代に確立する。金本位制が第１次世界大戦で崩壊したのは、金が通貨としての信認を失ったからではなく、戦争時には金しか信じられないからである。これが金本位制におけるもっとも大きな困難である。金は重要であり、したがって戦時には金しか信じられなくなる。こうして人々が金を求めて殺到することが、金本位制を停止させるのである。

　第１次世界大戦によって国際金本位制は崩壊したが、戦後の国際通貨

体制は、金本位制への復帰が目標となった。国際金本位制に多くの限界があったとしても、この体制に代わる国際通貨制度を作ることは、選択肢の中になかったと言える。

第1次世界大戦後、ポンドが金本位制に復帰し、多くの国がこれをベースに実質的に金為替本位制を採用することで、国際金本位制が再構築された。これにともなって、1920年代後半の「相対的安定期」と呼ばれる束の間の繁栄が、世界経済にもたらされた。

しかし、1929年、ニューヨークの株式市場の暴落に始まる世界大恐慌は、再建金本位制を崩壊させ、広く深く長い恐慌として世界経済を泥沼に引きずり込む。イギリスは、戦時経済体制をポンド圏の形成によって乗り切ろうとし、植民地を包括する経済のブロック化を行う。ブロック経済が世界的な趨勢となり、日本も、満州、朝鮮、台湾、などを円ブロック圏に置き、ドイツ、フランス、アメリカなどとともにブロック経済圏の盟主の一つとなった。ブロックの中心に位置する国の通貨を基軸通貨として域内を経済圏としてまとめあげ、戦時に備える体制が作られたのである。金本位制の停止と経済のブロック化と第2次世界大戦は、一体となって進行していった。

再建金本位制の崩壊とブロック経済化は、第2次世界大戦後の国際通貨システムの構築にとっては、紛れもない負の遺産であった。国際通貨システムの再建にとって、経済のブロック化を避けることが、なによりも重要な課題であった。しかし、国際金本位制が二度の大戦で挫折したことも、金本位制にとっては負の遺産であった。

金本位制への復帰は至上命題であったが、金本位制の最大の難点は、金の絶対量の不足、そして危機に際しての金の急激な歯止めのない流出である。

第3節　バンコール

バンコール（Bancor）とは何か。ケインズは「ケインズ案（国際決済同盟案）Proposals for an International Clearing Union（April 1943）」の中

で、バンコールの概要について次のように言う。

「本提案は金を標準として固定された（ただし不変ではない）国際収支決済のため英連邦、合衆国およびその他のすべての同盟加盟国が金の等価物として受け入れるべき国際銀行通貨（例えばバンコールと呼ぶ）に基礎をおく国際決済同盟とここに称する通貨同盟を創設しようとするものである。すべての加盟国の中央銀行は（非加盟国中央銀行も）国際決済同盟に勘定を開き、各中央銀行は右勘定を通じバンコールをもって定められた平価により相互の為替残高を決済する資格を与えられる。他国全体に対し受け取り超過の諸国は清算同盟に貸勘定を有し、支払超過の諸国は借勘定を有することとなる。貸勘定および借勘定の無制限累積を防止するため種々の措置を必要とする。もし本制度がこれを確保するに足る自動均衡力を有しないならば本制度は結局失敗に終わるであろう。」
(Keynes [1943], p.21, 320-321 頁)

このバンコールの提案は、決済通貨としてのバンコールであり、ケインズの本来の貨幣改革論である世界的な中央銀行論（Super National Bank 超国家銀行）を唱えたものではない。バンコールは、あくまでも国家間の決済通貨であり、一般的な売買に用いられる通貨ではない。各国は、国際決済同盟に預金勘定を持ち、バンコールという一つの通貨で多国間の決済をする。

そして、バンコールの受け取り超過国は決済同盟に対して債権を持ち、支払超過国は債務を持つ。この国際的な決済機構には、国内銀行の原理が貫かれる。ケインズはこれを銀行の手形決済になぞらえる。銀行が国内で行っているように、国際的に多角的な決済を行うのである。バンコールは、金よりは使用される局面は限定されているが、超国家組織による多国間決済通貨として、国際的に通用する役割が付与されている。

ケインズによれば、バンコールは金に代位するものではあるが、金を排除するものではない。ケインズ案では、国際通貨としての金は、購買手段あるいは支払手段として不必要となるわけではなく、かつ決済通貨として用いられることも否定されていない。

ケインズは、国際決済同盟が設立する銀行は、戦前3年間の貿易額を参考にして、バンコールを各国に貸方残額として割り当て、各国はこのバンコールによって多角的な決済を行う、と言う。バンコールは、その最初は、銀行による信用創造というよりは、むしろ政府紙幣のように作り出される。無から有が生み出されるかのごとくである。そして、加盟各国は、自国通貨の価値をバンコールにリンクする。

　その概要は下記のとおりである。過度の債務国と同様に、過度の債権国も割当額の25％を超える分については1％の課金、半額を超えるものに対しては、さらに1％の課金の支払いが義務づけられる。これは、債権国も債務国も同様の責任を有するというケインズの考えにもとづくものである。経常収支の均衡を各国の責任として重視するのである。債権国にも貿易不均衡の責任があり、債務国だけが責任を負うわけではないのである。

　「第2章6(3)　加盟国はバンコールによる各自国通貨の当初の価値を相互に協定する。その後は、加盟国は以下に述べる条件にもとづく場合を除き、理事会の許可なしにバンコールによる自国通貨の価値を変更することができない。ただし、本制度の創始後最初の5年間は、理事会は不測の事態を理由とする各国通貨単位の為替価値調整の申立てに特別の考慮を払わなければならない。」(*Ibid.*, p.22, 321頁)

　各国は、人為的に作り出されたバンコールを戦前の貿易額に応じて割り当てられ、これによって、決済を行うことになる。この限りでは、金はどこにも登場しない。ケインズは、金から離れた世界貨幣を構想したかに見える。

　しかし、ケインズのバンコールは、厳密に金価値によって裏づけられている。ケインズは次のように言う。

　「第2章6(4)　バンコールの価値は理事会がこれを定める。加盟各国は各自国通貨のバンコール価値およびバンコールの金価値に相当する平価を超える自国通貨建て価格をもって直接または間接に金を買い入れ、または取得してはならない。加盟国の金の売買についてはその他の制限を加えてはならない。」(*Ibid.*, 同前)

バンコールの金価値は定められており、自国通貨で買う場合も、金は公定価格でしか買うことができないのである。ただし、一旦決められたバンコールと金とのレートは不変というわけではなく、状況によって変更は可能である。とはいえ、通常はバンコールと金は固定レートであり、このことによって、バンコールの価値は保証される。つまり、金によって保証されているのである。金との兌換制のない通貨でありながら、金と厳密にリンクすることによって、バンコールの価値の安定性を図るところにケインズの意図がある。

この国際決済同盟案では、バンコールは金本位制時代の金とは異なる。金本位制の時代には、金が必要な時に流通から引き上げられ、経済を収縮させる効果を持った。バンコールには、そうした問題はないような配慮が施されている。イギリス金本位制における金流出にともなうピール条例の度々の停止、世界大戦時の金本位制の崩壊を踏まえた制度作りである。

まず、清算同盟の加盟国の債権国は、清算同盟がない場合と同じように金を受け取ることが可能であり、この点で国際貿易における金の役割は維持される。加盟国間で金本位制を維持することも、好ましくはないが禁止されるべきではない、と言う。

バンコールと金の関係については、一般的にはケインズのバンコールが金から離れたことが強調されているが、ケインズにはそうした考えはない。バンコールと金との関係については「第6章 本案における金の地位（The Position of Gold under the Plan）」にまとめて論じられている。

ケインズは、「金は、いまなお大きな心理的価値を持っていること」（Ibid., p.30, 327頁）、金は不測の事態への準備や価値標準として機能しており、代替物を見つけることは難しいことを認めている。そして、アメリカの保有する金に対して非貨幣化を求めることは妥当ではない、と言う。バンコールの目的は、金に代わることではあるが、金を廃貨にすることではないのである。

そして、バンコールが金の一定量によって規定されるものであること、加盟国の通貨はバンコールと一定の為替でリンクすることから、バ

ンコールを介して金とリンクするものであること、そして金を買う場合は、加盟国はこの公定レートで買うことになると説く。これによって産金国も金保有国も不利益を被ることはない。また、加盟国の中央銀行は、金鋳貨を鋳造することもできる。さらに、加盟国間で、完全な金本位制で取引することも排除されていはいない。

ただし、唯一の制限は、加盟国は、金によって清算同盟からバンコールを獲得することはできるが、バンコールによって清算同盟から金を得ることはできないことである。バンコールと金は、一方通行なのである。金によってバンコールを引き出すことはできるが、バンコールによって金を引き出すことはできないのである。これによって、国際決済同盟は、金流出の危機にさらされなくてもよいことになる。

ケインズはこの制度が一方通行であることを認める。しかし、清算同盟は金を受け入れるだけで払い出すことはないという批判は当たらないと言う。それは、清算同盟の理事会が、貸方残高保有国に対して残高に比例して金ストックの余剰を振り当て、これによって残額を減少するという裁量権を持つからである。バンコールの残高が多い国に対して清算同盟がバンコールを金に置き換えることができるということは、金を引き出すわけではないが、外貨準備としての金を増やすことを意味する。

バンコールによって金を引き出せないということは、危機に際してこの銀行の金が枯渇することがないことを意味する。恐慌や戦争における金流出への対策が、バンコールの制度の中に組み込まれているのである。金の枯渇による経済の停滞という金本位制の難点が、ケインズの巧妙なシステムによって回避されているのである。しかし、それはバンコールが金から離れたからではなく、金そのものの流出を防ぐ仕組によってバンコールのシステムが維持されているからである。

ケインズは、バンコールは金に代わる役割を持つが、金を廃貨にすることを意味するわけでないことを確約している。バンコールは金の裏づけなく発行されるが、その価値は厳密に金によって規定され、金と併存して利用される。国際決済銀行バンコールの内実は「金の銀行（Bancor）」であったと言える。

バンコールが金から離れた通貨であるという評価は、当時の時代を背景としたものであって、今日的な視点からは、十分に金に裏づけられた決済通貨であると言える。むしろバンコールによる金の引き出しを封じることによって、金本位制の中央銀行システムよりもより制度的に金の流出を防止することに腐心した通貨システムとさえ言える。

最後にケインズは、「本案の結論（Conclution）」において、各国に対して「金融的武装解除（financial disarmament）」による「超国家的取り決め（super-national arrangements）」の重要性を訴え、これが「平和の獲得（the winning of the peace）」のため第一歩である、と訴える（*Ibid*., p.36, 331頁）。

バンコールは、その価値が金によって固定されてはいるが、最初の発行が政府紙幣的に創造されている貨幣である。この点では、金本位制への復帰とは言えない。金に依拠した通貨であるが、バンコールで金を引き出すことはできない。このことは、バンコール銀行を金流出の危機から守ることではあるが、バンコールに対する信認が失われれば、このシステムは崩壊する。この点では、バンコールが機能するには、加盟国の間の平和が絶対的な条件となる。ケインズにとっては、バンコールの性格からして、第2次世界大戦後の国際通貨システムには、平和と超国家的意志が必要だったのである。

こうしたケインズのバンコール案は、アメリカ主導の国際通貨システムの再建に対して、超国家的な国際機関を対峙することで、イギリスの生き延びる道を探ったという見方もある。しかし、ケインズの意図がどこにあったのかは別に、国際的な通貨システムの向かう方向として、超国家的な世界的な中央銀行論の方向性を明確に打ち出した点は、重要な選択肢の一つを提起したと言える。

ケインズのバンコール案に対し、アメリカのホワイトは、加盟各国の出資金にもとづく基金を創設して国際通貨システムの安定を図る案を提出した。1946年に設立されたIMFは、ホワイトの基金説にもとづいて設立され、各国は固定相場でドルとのレートを決め、アメリカがドルと金とを1オンス＝35ドルで兌換することで通貨価値の安定を図ること

になった。

アメリカ国内での兌換は行われていないため、ドルをベースにした変則的な為替本位制であるが、ともあれ国際金本位制も復活した。しかし、IMFは、設立当初から加盟各国のドル不足の問題を抱えた。この問題は、第2次世界大戦後の東西冷戦に対応するために、アメリカがヨーロッパや日本に復興援助を行うことによって解消した。しかし、日本やヨーロッパの復興、そしてベトナム戦争などの影響で、アメリカからの金の流出が深刻な問題となった。

IMF体制が金本位制を曲がりなりにも維持できたのは、アメリカの膨大な金保有に依拠してのことであり、西側の盟主としてのアメリカの貢献によるものであったと言える。この金流出問題への解決策の一つとして採用されたのがSDRである。

第4節　SDR

SDRに関しては、国際通貨基金のホームページ[21]に解説が出ている。その概要は以下のとおりである。

SDRの創設当時は、流動性ジレンマ論が受け入れられ、ドルの供給はアメリカの赤字によってしか行われず、アメリカが赤字でない場合は、ドルの供給が不足すると論じられていた。国際流動性の問題がドルの不足から過剰へと移ると、ドルへの不信を招き金との兌換をもたらし、アメリカからの金流出を招いていた。

こうした状況を踏まえ、SDRは、1969年、ブレトンウッズの固定為替相場制を支えるために、IMFによって創設された。SDRが金と米ドルという準備通貨を補完することが期待されたのである。

しかし、それからわずか数年後、ブレトンウッズ体制は崩壊し、主要通貨は変動為替相場制に移行した。さらに国際資本市場の成長により、信用力のある国の借り入れが促進され、SDRの必要性は減少した。

---

21) http://www.imf.org/external/japanese/np/exr/facts/sdrj.htm

SDRは通貨ではなく、またIMFに対する請求権でもない。SDRは、IMF加盟国の自由利用可能通貨に対する潜在的な請求権であり、SDRの保有者は、SDRによって自由利用可能通貨（現在はアメリカ・ドル、ユーロ、円、ポンド）を引き出すことができる。これにより、現在の外貨準備は、金、外貨、SDR、IMFリザーブポジション（IMFから無条件で借りることができる限度額）からなる。また、SDRは、補完的準備資産としての役割に加え、IMFおよび他の一部の国際機関の会計単位としての側面も有している。

　SDRの価値は、当初、純金0.888671グラムに相当し、また当時の1アメリカ・ドルに相当すると決められていた。しかし、ニクソン・ショックによる金・ドル兌換停止と主要国の変動相場制への以降とによって、SDRと金との関係は絶たれ、主要国のバスケット通貨として価値が規定されるようになった。

　加盟各国は、SDRを媒介に、外国通貨を引き出すことができる。SDRは、IMF協定（第15条1項及び第18条）に従い、加盟国に対し各国のクォータ（出資割当額）に応じて配分される。各国は、SDRの配分により、コストがかからず、また、金利を払うことも得ることもない無条件の国際準備資産を受け取ることになる。ただし、加盟国のSDR保有額が配分額を上回る場合には、超過分に対し利子が支払われ、逆に、保有額が配分額を下回る場合には、不足分に対し利息を支払うことになる。

　SDRの一般配分は、既存の準備資産の補充に対する世界レベルでの長期的な必要性を基に判断される。一般配分についての決定は、最大5年と定められている基本期間ごとに行われることになっている。しかし、実際に一般配分が行われたのは、これまで3回である。最初の配分は、1970年から1972年にかけて行われたもので合計93億SDR、その後1979年から1981年にかけて合計121億SDRが配分され、累積配分額は214億SDRに達した。さらに、2009年8月28日、金融危機の影響を緩和すべく、第3回目の一般配分が行われ、その額は1,612億SDRであった。

　また、IMF協定の第4次改正が2009年8月10日に発効となり、こ

れにともない215億SDRの一度限りの特別配分が行われた。現在のIMFの加盟国の5分の1以上にあたる国は、1981年以降にIMFに加盟しており、2009年までSDR配分を一度も受けていなかった。この配分は、こうした状況を是正し、全てのIMFの加盟国が、公平にSDR制度に参加できるようにするというものであった。2009年のこの一般配分と特別配分により、SDRの累積配分額の合計は約2,040億SDRとなった。

　SDRは、その成功の可否を判断する前に、ニクソン・ショックに端を発する金・ドル兌換停止と変動相場制への移行によって、存在意味を喪失していた。しかし、2008年のリーマン・ショックによる国際的な通貨金融危機によって、再び必要性が生じ、大幅な増額が行われ、1981年度と比べて10倍の額になっている。

　ケインズのバンコールは国際決済同盟に対する債権の意味を持つが、SDRは外貨が必要な場合、その必要な通貨に対する請求権であり、IMFに対する債権の意味は持たない。また、バンコールは、これを介して国際決済同盟が各国の多角的な決済を集中的に行うが、SDRは必要な通貨を引き出すだけであるから、準備通貨そのものではない。この点でバンコールと大きく異なる。また、SDRの価値は、当初は金とリンクしていたが、現在では金の裏づけを持ってはいないので、この点でも金との結びつきの強いバンコールとは大きく異なると言える。

　SDRは、国際通貨としてはバンコールよりも制約されているが、現に存在するシステムの中では、もっとも国際通貨に近い。IMFは出資割り当てによって投票権が決まっているが、もっとも大きいアメリカでも、17%強である。国際機関としての性格は維持されている。この点で、SDRからバンコールへ、そして世界通貨への改良の方向が主張される根拠はある。

第5節　金本位制論の現状

　貨幣としての金をめぐる議論は、わが国ではほとんど行われていな

い。ケインズが貨幣としての金を捨てたという通説が、わが国では強固に受け入れられている。また、わが国の公的な金準備は、800ｔ以下であり、戦前の最高水準よりも減っている。これに対し、アメリカやドイツは、外貨準備の４分の３を金で保有しており、金に対する認識の違いは明らかである。

　金価格は、2000年以降、急上昇を遂げており、特に、経済成長の著しい中国やインドの需要が、金価格の高騰を支えていると言われている。金の価格も、かつては、ロンドンのロスチャイルド家の黄金の間で決定されていたが、今では、金の先物市場の誕生によって、金価格の決定権は、アメリカに移されている。

　2000年以降の金ブームが現在の金本位制論の背景の一つとなっていることは事実だか、金をめぐる問題は、金に対する関心の薄いわが国では、理解の及ばない文化的背景を持っている。

　現在の金本位制の復活論は、国際社会がドルの相対的な地位の低下の問題を受け、ドル以外の通貨を求め、国際通貨金の復活に辿りつく、というシナリオではない。金本位制復活論がもっとも現実性を持つのは、現在の金に対する高い評価を踏まえての、アメリカ国内での金本位制復活論である。奇異に感じられるかもしれないが、アメリカがドルの基軸通貨としての特権を捨てて、自ら金本位制を採用する、という主張である。

　アメリカにおける金本位制復活の議論に関しては、谷口智彦氏の『金が通貨になる』（谷口［2012］）が詳細に報告している。谷口氏は、丹念な取材にもとづいて、ともすれば金本位制復活論を陰謀史観扱いする傾向のあるわが国では考えられないようなアメリカの状況を、余すところなく伝えている。

　谷口氏は、なによりもアメリカの金本位制復活の議論は、経済政策論議より、宗教的・政治的信念に裏づけられていることを説く。そして、金本位制の実現可能性についても、議論を詰めてから実行に移すより、信念に突き動かされて行動するアメリカ的な様式から見て、あり得ないことでないと判断する。アメリカが主導する場合には、金本位制に関す

る議論の未成熟、あるいは金本位制が抱える固有の問題が未解決であるということが、金本位制復活を妨げるわけではない、ということである。

　アメリカの金本位制復活論のベースは、いわば正義感である。紙の貨幣は虚構であり、アメリカはこの不換紙幣ドルによって国際的なシニョレッジを得て、繁栄してきた。しかし、同時に、この繁栄のシステムが、結果として強いアメリカの基礎を崩し、今日のアメリカの堕落をもたらした、と言うのである。したがって、アメリカの復活は、金を貨幣として復活させ、これによって力強さをとり戻すことでなければならないと考えるのである。

　こうしたアメリカ国内に起こりつつある貨幣としての金復活論は、谷口氏によれば、聖書に依拠している。聖書に散見される夥しい金貨幣の逸話が、金貨幣の正統性を保証しているのである。聖書を媒介に金貨幣と正義とは一体となっている。

　谷口氏によれば、アメリカの金本位制復活運動の根底にあるのは、アメリカは宗教的・倫理的にしっかりしなければ根腐れを起こしかねず、現に起こしつつある、というせっぱ詰まった危機感である。

　アメリカの金本位制論は、いわば宗教的ファンダメンタリズム論と近いために、信念にもとづく金本位制論である。そのためこの金復活論は、IMFのSDRやケインズのバンコールのような金との一定の関わりを保ちつつ構想される国際通貨論には関心が向かず、金そのものが通貨としての関心の対象になっている。

　実際、金本位制は、アメリカでは時代錯誤ではなく、ユタ州では、金貨と銀貨が法定通貨となり（2011年5月）、12を超す州で金を法定通貨とする議論が州議会でなされていると言う。

　アメリカの宗教的な金本位制論だけではなく、国際通貨のシステムが大きな問題となる中で、世界銀行のロバート・ゼーリック前総裁は、『フィナンシャル・タイムズ』紙に寄稿（2010年11月7日）した論説において、金を尺度基準として復活させる議論を提示した。このことが、金本位制の議論の引き金となり、一流のジャーナルやシンクタンクが金本位制を扱うに至った。金は旧いと言い切るほど、今の国際通貨システムは

安定してはいない。したがって、金の復活を否定し切ることはむしろ難しい。

　アメリカでの金本位制の推進グループは、共和党の支持者に多く、大統領候補に名乗り出たロン・ポール、ハーマン・ケイン、ニュート・キングリッジは、金本位制復活派である。こうした状況は、あるいは大統領選挙にともなう、一過性あるいは周期的な現象に過ぎないとも言える。しかし、共和党内の強硬派の台頭とともに、金本位制もまた選挙の課題となりつつある。大統領選挙に関わって金本位制復活をめざすロビー活動が、現に存在する。そして、大統領候補の何人かが金本位制復活を政治的スローガンとして承認している。このことは、今後の国際通貨体制を考える上で、看過できない現象であると言える。

　もともと1971年のニクソン・ショックも、十分にシミュレーション済みの金・ドル兌換停止ではなかった。追い詰められて先行きが見えない中での金からの離脱と変動相場制の決断であった。十分な検討がなければ国際通貨の改革はないと思うことの方が、国際政治の現実を見落としているのかもしれない。金本位制論をまがいもの扱いしているわが国の現状の方が、危うい状況であるとも言える。

第6節　アメリカ議会金委員会

　経済学において金本位制が旧い政策として受け止められているのは、ケインズの理論的影響と言うよりも、ケインズ政策と呼ばれる財政政策による。金による貨幣発行量の規制を離れ、いわゆる管理通貨制を採用することで、膨大な赤字国債を発行することが可能となる。貨幣が金から離れることによって、政府は政策の手段を大きく広げたのである。

　赤字国債を中心とする中央銀行の資産と通貨の発行量（負債）とが均衡を保っていれば、中央銀行券は「信用」貨幣とみなされる。信用貨幣は、その起源からして銀行の負債であるが、返済する必要のない負債である。

　そして、その赤字国債は言うまでもなく国の借金であり、租税によっ

て利子が支払われ、元本が償還されることが義務づけられている。しかし、現在のわが国の1000兆円の国債が、租税によって支払われるとは信じ難い。むしろ、この間のいわゆるアベノミクスでは、この膨大な国債を中央銀行が買い集めることで、通貨を供給する政策がとられている。

　膨大な国債残高自体が、金融政策のための元本として機能しているのである。1000兆円の国債が、そのまま通貨供給の資源となっているかのようである。不換紙幣と国債が限りなく膨張しているということの異常性は問われることはなく、今はむしろ通貨の供給源として歓迎されている。

　この状況下では、金本位制は、通貨システムの選択肢にはなり得ないのである。金本位制が旧いというよりも、現に進行する不健全な財政運営と通貨政策の前では、たとえ貨幣としての金に多くのメリットがあったとしても、もはや戻ることはできない。

　しかし、制度的に言えば、貨幣が金から離れたのは最終的には1971年8月15日（日本では8月16日）のニクソン・ショック以降のことである。まだ40年を若干超えただけの歴史しか持たない。古代から続く金貨幣の長い歴史に比べて、その期間はあまりにも短い。

　金本位制は、金の重量と通貨との公定の比率を決めることに意味がある。金の時価ではなく、金そのものの重量との比率を決めることが重要なのである。金が時価でドルと交換されるのであれば、国際通貨としての金価値は、常に変動にさらされる。場合によっては投機の対象となる。貨幣が投機の対象となるようでは、通貨価値の安定にはつながらない。金本位制の狙いはあくまでも通貨価値の安定であり、この点では、ドルと金の重量との兌換の比率を決めることが重要なのである。

　ニクソン・ショック以前には、日常の売買で金との関係を意識することはないが、国家間では、米国に対してドルと金の兌換が可能だったので、1ドル＝360円、35ドル＝12,300円＝1オンス、という関係が成り立つ。

　日本において鞄1個に12,300円の価格をつけることは、鞄1個＝1

オンスの金、という価格をつけることに等しい。1オンス＝35ドルと1ドル＝360円とが市場価格を反映するかどうかとは関係なく、この制度が国際的な通貨価値を安定させてきたのである。

あるいは、ドルと金の関係がルール上固定されることによって、シャツ1枚に35ドルの価格をつければ、シャツ1枚と金1オンスが等価に置かれる。実質的にシャツ1枚＝1オンスの金価格をつけたことになるのである。

したがって、金は、戦後の緩やかな金本位制（変則的な金為替本位制）の中で、依然としてドルと並ぶ国際通貨の地位を維持していた。金に裏づけられたドルとドルを基軸通貨とする固定相場制が、戦後の国際通貨システムを形成していた。

ブレトンウッズ体制下でも、アメリカは発行残高の一定比率を金保有とリンクさせていた。スイスもまた発券残高を金保有量によって制限していたが、これは例外的なケースである。

ドルおよびドル以外の通貨も、実際には直接的な金とのつながりを断たれ、金は直接には各国の貨幣数量を規制することはなくなった。そして、通貨は各国の通貨政策によって管理される傾向を強めた。また、金貨は例外的にしか発行されず、したがって個々人の間を流通することもなかったので、貨幣としての金は、公的な外貨準備としては重要な意味を持っていたが、日常の人々の生活では現実的な機能を果たすことはなかった。

こうした貨幣の金からの離脱の傾向は、60年代後半からのドルに対する信認の崩壊、1967年のゴールド・ラッシュ、そして1971年8月15日の金ドル兌換停止、いわゆるニクソン・ショックによって決定的なものになる。さらに1973年からは、本格的に固定相場制度から変動相場制度への移行も行われる。1976年のIMF暫定委員会合意によって金は廃貨に追い込まれ、国際通貨システムは機軸をなくしたのである。

こうした国際経済の混乱の中でも、日本経済は順調であった。ニクソン・ショックによってもっともダメージを受けたにも関わらず、いち早く立ち直り、1980年代の好景気を迎える。しかし、こうした日本経済

の好調さは例外で、インフレーション、スタグフレーション、そして不況と、アメリカをはじめとする先進資本主義国の経済には低迷と混乱が続いた。

その中で、1981年、アメリカは議会に金委員会を設置する。金委員会の任務は、金の国内および国際通貨システムにおける役割に関する検討にあった。金本位制の復活の可否にかかわる課題が、委員会に付託されたのである。

金本位制復活の議論は、サプライサイダーのラッファーやヘルムズ議員などの積極的な復活論にリードされ、活発に展開されていた。金貨幣の問題は、アメリカにとっては、時代錯誤の問題ではなかったのである。金委員会設置の背景には、こうした世論があった。当時の金本位制復活の議論には、インフレの収束とアメリカの国際政治上のさらなる強化が期待されていた。ニクソン・ショックによる金・ドル兌換停止によっても、アメリカ経済は立ち直ることなく長期にわたって低迷を続けていたからである。

金委員会は、1982年3月31日付けで、膨大な報告書を議会に提出している（*Report to the Congress of the Commission on the Role of Gold in the Domestic and International Monetary Systems*, March 1982）。報告書は、結論としては金本位制の復活を見送っている。しかし、議論の中で金本位制の復活論が強く主張されたことは、報告書自体が反対意見（金本位制復活論）を付録に納め、脚注にも付し、両論併記の形をとっていることからも窺える。

こうしたアメリカの動きに対し、わが国の対応は鈍い。『東洋経済』がエコノミストの論評を収録した特集号を出している（『別冊東洋経済：新金本位制』、1982）が、多くのエコノミストは、アメリカ議会の金委員会が金本位制を検討すること事態に唐突な印象を受けている。

第2次オイルショックを乗り切って好調な日本経済と、長期の苦境にあえぎ、真剣に脱出の道を探っているアメリカとの違いが窺える。こうした経済状況の差が、わが国のほとんどのエコノミストの金本位制に対する冷ややかな対応につながっていた。

金本位制については、①金は貨幣としては絶対量が足りない、②南アフリカやソ連のような産金国を利することになる、③経済恐慌は金本位制の下で起きている、④金本位制の下でもインフレーションは生じる、⑤金は、投機の対象になる、などの問題が指摘される。
　金本位制の支持者は、これに反論する。①金の絶対量の不足は、金本位制に対する誤解であり、金と通貨との交換比率を2倍にすれば、2倍の通貨が供給される。②ソ連や南アメリカの金保有量に比べて、アメリカの保有量は1979年の統計資料で見て圧倒的である。③恐慌の責任は金本位制に求めるべきではない。④金本位制の下で物価が安定していたことは、資料的に明白である。⑤金が1オンス＝35ドルから850ドルまで急騰したのは、ドル紙幣の価値の下落に対する不安のせいである、などである（*Ibid., Vol.2, pp.233-242*）。
　金委員会は、激しい論争の後で、いくつかの提言を行う。その一つは、金貨の発行である。アメリカは、金委員会に先立って、1980年6月、1オンスと1オンス1/2の金を含有するメダルを発行している。金委員会は、このメダルを改良することを主張する。
　そして、さらに進んで、たんなるメダルではなく、重量を明記した地金型鋳貨の発行と、その鋳貨の取得によってキャピタル・ゲインが生じた場合には、免税措置をとることを提言する。現在のアメリカのイーグル金貨は、こうした見解にもとづいて発行された法定通貨（1986）である。
　ところで、金貨発行の効果については、検討を要する。金貨の発行は、金本位制と無縁の話ではないからである。すなわち、金本位制のように兌換を条件としなくても、金貨の発行によって紙幣価値も安定することが考えられるのである。
　民間にある程度の金貨が保蔵され、アメリカのイーグル金貨のように、金貨が額面とは別に金の市場価格によって取り引きされるなら、金貨の保蔵によって蓄えた価値が激減することはないから、パニックの防波堤となる。したがって、このような金貨の場合、金貨の発行のねらいは、民間に金を持たせることにあると考えられる。金貨が法定通貨であ

れば、金価値が何らかの理由によって下落したとしても、額面を割ることはないのである。

　金貨が、法定の貨幣名とその尺度を持つ一方で重量で表示され、現実には市場価格で取り引きされるなら、市場価格の方が上回る限り、現実の購買に使われることはない。すなわち、金貨は実際には価値の保蔵手段であり、流通することはほとんどない。金貨に対しては流通手段としての需要はない、と考えてよい。流通手段としての需要がないとすれば、全体としての需要には一定の限界がある。

　法定の金貨と不換紙幣が併存する場合には、民間にある程度の金貨が保蔵されていれば、必要とあればいつでも金貨が市場価格で手に入る。したがって、兌換紙幣の場合に生じる国庫からの金流出というパニックに襲われることもない。

　見方によっては、金貨と不換紙幣が平行して発行されることで、兌換制の弊害も一定程度は除去される、と考えることもできるのである。また、多くの国が金貨を発行すれば、金と各国通貨との比率を媒介にして、各国通貨間の為替レートにも一定の関連をつけることになる。この場合、金貨の発行によって、新しい国際的な通貨システムができあがることも考えられるのである。

　純度の低い記念メダルの場合にはこのような効果は得られないが、地金型の法定鋳貨の場合には、先に見たような不換紙幣の欠点を補う効果を持つと考えられる。この点で、金貨発行の意味を軽視すべきではない。

　ところで、金委員会は金貨の発行は提言したが、兌換紙幣の発行には反対した。それは、金本位制は、現在（当時）のインフレーションを抑える手段として優れているとは考えられないという判断にもとづくものであった。また、同様に金員会は、変動相場制を変えることにも反対であることを表明した（*Ibid.*, Vol.1, pp.4-21）。

　そして、不換紙幣は、その欠点よりも、むしろ本質的な価値（intrinsic value）がないために発行に費用がかからず、経済成長に対して弾力的に対応できる点が評価された。とはいえ、現行制度が肯定されたのではなく、通貨システムについての一層の検討が必要であることも指摘されて

いる。

　なお、この「本質的な価値」について、メンバーの一人である下院議員ヘンリーS. ロイスは、'intrinsic-value' という概念が無意味であると主張し、不換紙幣は価値と移動性の利便によって信頼できる貯蔵庫として価値を持つのであり、社会と政府の信認によって維持される、と指摘している（*Ibid.*, Vol.1.p.129）。

　この金委員会の議論の意義は、穿った見方をすれば、これによって金本位制の復活を押さえ込もうとした、とも考えられる。しかし、例えそうであったとしても、議会が金本位制復活の可否を議論すること自体が、アメリカにおいては金本位制が依然として重要課題であったことを意味する。

　これに対し、わが国は、金貨幣は古い制度であり、不換紙幣は貨幣の進歩である、と信じきっていた感がある。議論にさえならない。わが国とアメリカとの間の認識のズレは明らかである。ともあれ、金委員会では、金本位制復活反対派は、かろうじて過半数となり、金本位制復活は見送られた（高橋靖夫［1999］）。

第7節　マンデルの金本位制論

　1999年にロバート・マンデルがノーベル経済学賞を受賞した時、最適通貨圏論やマンデル・フレミングモデルなど、マンデルの功績が大きく紹介された。その中には、マンデルの金本位制論に言及するものもあったが、これは極めて冷ややかなものであった。もちろん彼の金本位制論は、彼のノーベル賞受賞の理由ではないし、一般的には、彼の金本位制論についての評価は冷たい（*The New York Times*, Oct.14, 1999）。しかし、ノーベル経済学賞の受賞者が、金属貨幣論の提唱者でもあったことは重要である。

　彼は、ノーベル賞受賞後に、各国の中央銀行の準備資産としての金の役割はますます重要になり、金価格は2010年までに現在の2倍あるいはそれ以上の1オンス600ドルの水準まで高騰するであろうと予測し

ていた(『日本証券新聞』、1999年11月29日)。

　この当時、金価格は、各国中央銀行による金の売却などによって長期に低迷し、金離れが叫ばれていた。一時的な高値はあっても、長続きはしない状況にあった。こうした金価格が長期間低迷する中でのマンデルの発言は、極めて珍しい発言である。むしろ、金価格が低迷する中での金本位制復活論は、貨幣論としても珍奇とさえ言ってよい状況にあった。

　マンデルは、『ハーバード・ビジネスレビュー』(日本版、1999年12月—2000年1月号12-22頁)に掲載されたインタビューの中で、①通貨危機の原因は、資本移動にあるのではなく、現在の国際通貨システムそれ自体にあること、②効率性を考えれば国際通貨システムは世界統一通貨が望ましいこと、③金や銀を世界統一通貨とすることは、政治的統合がなくてもできることであり、かつシニョレッジをめぐる国家間の政治的摩擦がないこと、④紙幣システムの下で世界統一通貨を実現するためには、統一通貨を維持するための世界秩序を形成することが前提条件となり、この前提を満たすことの方がむしろ非現実的であること、⑤以上の点からセカンドベストとして固定相場制あるいは金本位制が選択されるべきこと、を主張している。

　この見解は、金と不換紙幣との関係を的確に捉えている。不換紙幣が世界貨幣として機能するためには、ケインズが絶対平和が条件であると考えたように、不換紙幣を流通可能とする世界秩序の形成が前提となるのである。

　マンデルは、ノーベル賞の受賞に先立つ1997年3月17日、「21世紀の国際通貨システム：金は復活するか」というタイトルの公開講義を行っている(Mundell [1997])。その内容は、不換紙幣となったドルが国際的な基軸通貨となっていることへの批判である。また、この主張は、マンデルの最適通貨圏論ともなじまない。その真意は別として、マンデルの主張は金本位制支持の典型的な議論である。

　なによりも、マンデルが強調するのは、金は貨幣の地位を降り、たんなる商品になったと言われながら、通貨当局によって準備金として保有

されており、国際通貨システムの下での全準備金の中で、ドルに次ぐ構成要素となっている、ということである。公的準備として金が保有されていること自体が、たんなる商品ではないことを意味している。

しかし、マンデルがノーベル賞をとった時期は、金は通貨としても、富としてもほとんど見放されていた。金の低迷期である。マンデルはここに陰謀を感じとる。メディアの金に対する扱いは、マンデルには金に対する執拗な攻撃と映る。また、各国の通貨当局の金に対する沈黙もまた、マンデルには陰謀に映る。金は本来もっと評価されてよいはずだと考えているのである。

金の補完物として、IMFは1968年にSDRを作り出した。しかし、マンデルによれば、金廃貨の試みにもかかわらず、金は公的な通貨当局にとって非常に魅力的なものであり続けた。そのため、SDRはIMFによって積極的に導入されたにもかかわらず、国際通貨システムにおける壁の花のままである、と言う。金に代わるものはない、と考えているのである。

この講演で、マンデルは、変動相場制の下でのIMFは意味がないと言う。IMFの役割が固定相場制の下で基軸通貨ドルの体制を護ることである以上、1973年以降、固定相場制の廃止によって、IMFは国際通貨制度の保護者としての意味を失った。そして、言葉の厳密な意味での国際通貨システムは、現在では存在しない、と言う。

マンデルにとって、究極の自由を求めるなら、安定した価格水準、あるいは金価格を維持することが必要である。すべての国がある共通物に通貨を固定すれば、自動的に固定相場制になる。その共通物とは金であり、各国通貨が金に固定されることで、国際通貨は自動的に相互に固定される。

マンデルの批判は、ブレトンウッズ体制にも及ぶ。本来「ブレトンウッズ体制」という言葉は適切ではない。この体制は新しい通貨システムを作り出したわけでない。IMFや世界銀行は、アンカーとなったドル本位制のための国際的な見せかけを用意するために設立された。歴史には一般ルールがあり、世界が正貨金から離れた時にインフレーション

が起き、正貨金に戻った時にデフレーションが起きる、と言うのである。

マンデルによれば、新しいドル基軸体制はブレトンウッズ会議に始まったのではない。それは、1934年以来の民間には金を持たせないという条件でのアメリカの金本位制復帰のシステムを維持しただけである。そして、この体制は、1936年に始まり1971年まで続いた。それは、第2次世界大戦、朝鮮戦争、ベトナム戦争の大部分の時期を通してのことであった。そして、1オンス＝35ドルの金のドル価格は、このシステムの基礎となる金の流動性を十分に保証していた。

1971年の8月にドルが金から離れた時、他の諸国はドルとの固定相場を放棄した。しかし、3ヶ月間の変動相場制の後、各国は固定相場制に戻ることを望んだ。スミソニアン体制は、1971年12月に協定を結んだ通貨体制である。この時、各国はドルに戻ったが、ドルは金には戻らなかった。1945年以来、アメリカ・ドルのドル体制は25％の金準備によってドルを発行するという政策に根拠づけられていた。しかし、ニクソン・ショック以降のシステムは、新しい純粋な不換紙幣にもとづくドル本位制である。マンデルは、ドルと金との結びつきによって、時期区分をしているのである。

1973年6月、12カ国委員会は、国際通貨システムの放棄を決定し、変動相場制に移行することを決定した。マンデルは、この体制がどのようにしてインフレーションを回避するか、という問題を解決しようとしていないことに失望している。

マンデルは、各国は変動相場制に移行することで、ドルへの依存から離れることができると思ったが、それは間違いであったと言う。それはちょうど、ミルトン・フリードマンが、変動相場制になれば、外貨準備が不要になる、と予言していたのと同じような完全な間違いであった。変動相場制の下では、固定相場制の時よりも大きな準備が必要となる。その準備は、ドルであり、当時のドイツ・マルクが、例外的にEurope's Exchange Rate Mechanism（ERM）で、使用されるだけであると言う。

不換紙幣ドルのシステムにおいて、マンデルがもっとも注意を喚起しているのは、シニョレッジ問題である。すなわち、変動相場制の下で、

第10章　国際通貨の展望

莫大な不換紙幣ドルが世界通貨として使用されている。これによってアメリカの得るシニョレッジは莫大である。

とはいえ、ドルは、世界中の人にとって、第2の通貨であり、それは英語が第2外国語になっているようなものである。そして、エスペラント語が英語にとって代わることができないのと同じで、アメリカを巻き込むことなしに国際通貨改革の展望を持つことは、現実性的ではない、と言う。

他方、マンデルはヨーロッパに期待する。多くの人は、ヨーロッパの将来にあまり大きな期待を寄せていないが、マンデルは、ヨーロッパは、大きな成功を収めつつあると言う。ヨーロッパ全体を一つの国家と見れば、アメリカよりも大きい。ヨーロッパは独自の通貨を持つだろうし、それは国際的に見て非常に重要である。マンデルの新通貨ユーロへの期待は大きい。そして、金との関係がここに登場する。

金は、長い間、貴重な資産として世界中で保有されてきた。金をインフレーションの警告指標として考える国が増えれば増えるほど、通貨当局は金価格の安定に心がけるようになる。このことは、ヨーロッパには、決定的に重要である。なぜなら、ドルとユーロの間の変動ほど困ったことはないからである。マンデルは、金に目を向けることが、この変動を規制する唯一の方法である、と言う。

マンデルは、21世紀には、金は、国際通貨システムの中の一部になるであろうと考える。しかし、金本位制の時代は、自由鋳造制によって成り立っていた。そこには、超大国の支配はなく、国家権力の均衡が働いていた時代であった。マンデルは、現在のアメリカの国際的な覇権は、金本位制の復活を遠ざけることになっている、と見ている。

なお、マンデルは、マーシャル以来の金と銀の合金による複本位制も検討している。金銀複本位制は、価値の面での金と銀の交換比率を規定するが、合金本位制は、金と銀の重量比を規定する。合金本位制は、価値ではなく重量比を固定するのである。

金銀複本位制については、フリードマンが『貨幣の悪戯』(Friedman [1992])の中で検討し、貨幣価値の安定という点に関しては、金の単一

本位制よりも優れていることを示している。

　フリードマンもまた、金・ドル兌換停止以降の現状の貨幣システムを評し、貴金属からわずか数十年離れただけの経験では、貨幣が貴金属との関係を断って存立することができると結論づけるのは早計であると注意を喚起している。

　フリードマンは、本来金本位制論者ではないにも関わらず、金本位制の復活や金銀複本位制の採用を、現実にはあり得ないことであると断りながら、この本の大部を金や銀の単一本位制と金銀複本位制の比較検討に当てている（Friedman［1992］）。

　ところで、マンデルは、将来の貨幣制度として、歴史上の最初の鋳貨である紀元前7世紀のリディアのエレクトロン鋳貨に戻ることを説く。エレクトロン鋳貨は、金と銀の天然の合金（エレクトラム）による鋳貨である。マンデルはこれを、金銀複本位制よりも優れた貨幣制度であると説いている。金銀複本位制の場合、実際にはいずれかの金属が本位貨幣として機能し、それが絶えず交代するという事態になる。そうであるならば、本位貨幣の交代という不便を回避するには、合金による鋳貨がベターであると言うのである。

第8節　金本位制復活論の意味

　金に対する扱いは、2000年を境に変化している。下がり続けた金価格が上昇に転じたのである。商品としての金価格の上昇が、貨幣としての金の記憶を呼び戻させている。リーマン・ショック以降、国際通貨システムの不安定化が、国際経済の最大の課題の一つとなっている。国際金融危機は、金融機関や金融市場の規制だけで再発を防ぐことができるのか、それとも、国際通貨システムそのものに根本的な問題があるのか、ということである。

　過剰に発行されているのはドルだけではなく、ユーロも円も同じである。「量的緩和」の名の下に、金融政策の手段は直接に通貨の発行量を増やすことに絞られてきている。政策担当者の意図に反して膨大に発行

された通貨は、実需の増大には結びつかず、なかなか物価の上昇にはつながっていない。貨幣数量説の考え方は、幸いなことに外れている。

しかし、通貨の過剰発行は、既にゼロ金利状態となっている金利の更なる低下をもたらし、為替切り下げ競争に直結している。方法が違うだけで、帝国主義期の関税戦争と同じである。不換紙幣は、人々の信認に依拠した通貨システムであり、客観的な規制はなにもないシステムである。信認が崩れた時には、通貨は崩壊する。国によって事情は異なるが、信認の崩壊は、国内よりも国際間で生じる可能性が高い。

言うまでもなく、国家の崩壊はその国の通貨を無効にする。経済的な混乱も、国民の通貨に対する共同幻想を崩壊させる。貨幣数量説が説くように、貨幣量の増加が物価の上昇に比例することはないが、貨幣量の増加が、ある一線で信認を崩壊させることはあり得る。現在の通貨の増発による為替切り下げ競争は、国際通貨システムの崩壊の新たな火種となりかねない。

政治、経済、軍事の面で、アメリカの力が相対的に低下してきたとしても、その支配力は依然として圧倒的である。したがって、国際通貨システムの改革は、アメリカ抜きではあり得ない。逆に言えば、アメリカが決断すれば、国際通貨システムの改革は可能となる。

金本位制の復活は、国際経済の現状に対する不安を受けたものである。金の持つ貨幣としての健全性を、通貨システムの中に組み込むことで安定した通貨システムの構築が可能なのではないか、という期待である。不換紙幣の増発が基本的な金融政策となっている現状では、金の意義は大きい。こうした通貨問題の出口として、仮に政治と経済の現実問題を脇に置くことができるなら、ユーロの教訓を学びつつ国際的な中央銀行券と金のシステムを追求することが望ましい。

結　語

　貨幣は矛盾した存在である。貨幣がもっとも一般的な富であることから、経済活動の目的は常に貨幣を増やすことにおかれる。しかし、貨幣を獲得すると同時に、積み上がった貨幣を眺めていることは、非合理的な行動になる。貨幣は、使わなければ意味がない。消費のために使用して欲望を満足させるか、増やすために使用してさらなる貨幣を求めるか。貨幣は静止することのできない富であり、この経済システムでは、経済活動の目的であると同時に手段なのである。

　金や銀は、その美しさから、古来、財宝として珍重されており、財宝としての金銀が貨幣の機能に即した性格を持つことから貨幣となった。貨幣としての一般的な購買力を手にしたのである。貨幣としても資産としても、優れた素材であった。

　金や銀の価値は安定しており、物価の安定という点では、貨幣の役目を充分に果たしてきた。しかし、金と銀の価値は変動するし、金と銀の間でも価値は変動する。金銀が貨幣であった時代でも、問題は、金銀貨幣の購買力が不変ではないことであった。

　重さや長さや角度などの尺度は、いつでもどこでも変わらない。しかし、尺度財としての金銀は価値を変える。金銀貨幣の貨幣は不変の尺度ではない。金や銀の価値は、おおむね安定はしているが、しかし常に変動している。不変尺度論争は、金銀貨幣の時代に起きた論争である。価値の変動は、購買手段としての貨幣に影響するだけでなく、価値保蔵手段としての貨幣に影響し、富としての貨幣に影響する。

　しかし、商品経済に不変尺度を求める試みは、無駄な試みである。貨幣の価値は一般的な購買力であり、購買力は他の商品との関係で決まる。生産費が商品の価値の規定要因だと仮定しても、金や銀の生産条件

が不変でも、他の商品の生産条件が変われば、その影響を受ける。他との関係で貨幣の価値は変わるのである。

ここに紙幣に関する貨幣数量説が登場する。貨幣数量説が正しいとすれば、物価は貨幣量に比例し、貨幣量によって物価を完全にコントロールできることになる。

リカードウは、本書第4章で見てきたように、経済学研究の初期には、貴金属貨幣と紙幣の双方についての貨幣数量説の主張者であったが、その後、労働価値論の形成とともに貴金属貨幣に関する貨幣数量説から離れる。そして彼は、ステュアートの不変尺度の理念は、紙幣に関する貨幣数量説によって達成することができるとして、貨幣数量説による紙幣管理の政策を打ち出す。

ステュアートは、貨幣の理念を計算貨幣の中に見い出し、アムステルダム銀行の銀行券を不変の尺度として評価した。リカードウは、この不変の価値尺度としての紙幣は、貨幣数量説によって保証されると考えた。貨幣量と物価が比例するのであれば、紙幣を用いて貨幣量を管理し、貨幣の価値すなわち物価を管理できる、と考えたのである。この考え方は、今も継承されている。貨幣の流通速度が一定なら、物価は貨幣量に比例して変化する。

しかし、ステュアートは、貨幣数量説を総括的に批判し、特に貨幣と需要を一体化する考えを強く批判した。貨幣量の増加と需要の増加は別であると言うのである。今日の状態はステュアートの指摘どおりと言える。貨幣の量は歴史上の記録となるほど増えているが、物価はなかなか上がらない。貨幣と需要とは別であり、したがって貨幣量の増加は物価の上昇に直接にはつながらないのである。

「貨幣錯覚」と言われる現象は、貨幣が人々の手に渡ってはじめて生じるものであり、市中の金融機関が日本銀行に持つ口座預金の増加は、需要の増加とは別である。

不換紙幣には、基準となる価値がない。金や銀は商品として価値を持つことが前提で、貨幣としての金や銀にも一般的な購買力が付与される。しかし、不換紙幣の価値は、商品に価格をつける人たちの幻想に

よって成り立つ。価格をつける行為は、貨幣に対して交換を求めている行為であり、このことによって、価格と同額の貨幣に対して、価格をつけられた商品に対する購買力を与えたことになる。

しかし、その素材は紙であったり、電子マネーであったりする。無価値な素材に交換を求めているのである。貨幣名と数字に購買力を付与する行為が日々行われているのである。したがって、貨幣の量に応じて物価が上がることはないが、貨幣の増発が貨幣そのものへの不信感をもたらすことはある。いわゆる超インフレが市場の機能を麻痺させたケースは、歴史に数多く刻まれている。

貨幣価値の変化は、一定の範囲であれば、日々の交換には大きな影響は及ぼさない。貨幣価値の変化が直接影響するのは、債権債務関係であり、資産として運用される場合である。価値保蔵手段としての貨幣の役割が果たせるかどうかが、貨幣の機能として問われるのである。

不換紙幣としての中央銀行券は、国家が強制通用力を付与することによって流通するが、その強制通用力とは、受領の義務だけである。不換紙幣の価値、すなわち購買力については、法律で決めることはできない。商品所有者の頭の中での判断が、不換紙幣の購買力を決める。

財政の膨大な赤字によって、財政政策の範囲が狭まり、金利はゼロ金利状態で、動かすことのできる範囲は限られている。経済政策の選択肢が狭められている中で、貨幣の量による貨幣の価値や物価の管理は、数少ない手段の一つである。しかし、これも流通速度の安定性の仮定が成り立たなくなっている現状では、有効な政策とは言えない。むしろどこかの時点で、貨幣システムの崩壊を招きかねない危険な政策と言える。

現代の通貨システムの不安は、不換紙幣が国際通貨になっていることにある。ニクソン・ショック以来、金とドルとの兌換は停止され、金は貨幣の地位から降り、アメリカという一国の通貨が実質的には国際的な基軸通貨となっている。

貨幣としての金の最大の意義は、価値の安定性と国境を越えて受け入れられる、ということにあった。金は対立関係にある国家どうしの間でも交易を担うことができた。国内で金が貨幣として流通しなくても、国

家レベルでは金は受け入れられた。金は発行主体を問わないからである。

不換紙幣はそうではない。発行主体の存在が大前提である。日本や日本銀行が消滅した後で、日本銀行券が流通することはない。発行主体が存在し続けることが前提となって受け取られる貨幣である。

ドルが国際通貨であることは、アメリカの存在を前提とする。これは経済の問題よりも政治や軍事の問題である。圧倒的な政治力や軍事力を前提とした経済力が必要となる。

ドルに対する不安が真の意味で生じたのは、2008年のリーマン・ショックである。サブプライム・ローン問題にまつわる一連の事件の中で、債権・債務の証券化を軸にした新しい金融商品に対する不信と金融機関に対する不信とが表面化した。金融のモラルハザードが問題となったのである。しかし同時に、リーマン・ショック後たった4ヶ月で、アメリカ・ドルがマネタリーベースで2倍になり、その後も急速にドルの残高が増えていることに大きな衝撃が走った。

この事態は歴史的に見て異様であった。もちろん、貨幣が2倍になっても物価は2倍にはならない。貨幣・金融の問題とは別に、実体経済は冷え込んでいる。過剰な貨幣は株式市場や不動産市場は動かすが、経済の実体からは乖離している。

わが国もまた、物価を目標とした貨幣量増加の政策を「異次元」のレベルで行うことを決めた。デフレ脱却のためのインフレ政策として貨幣量の増加を打ち出した。しかし、デフレかインフレかは、表面的である。問題は不況をどのように脱却するかであり、インフレをともなわずにこの長期の不況を脱却できるならその方がよい。物価の上昇を前面に押し出した政策は、貨幣数量説を前提にしている。しかし、その効果は、今はなくなっている。

異次元の貨幣量の増加は、貨幣に対する信認の崩壊の危険と裏腹である。また、仮に物価が上昇すれば、金利の上昇による国債の下落と国債の利払いの増加をもたらす。既にGDPの倍の1000兆円の借金を抱え、税収の半分は国債費に当てている現状がある。物価の上昇は、わが国の

財政と経済の破綻のリスクをともなっている。

　また、貨幣量の増加は、円の対外的な下落をもたらす。1997年のアジア通貨危機の時は、1985年のプラザ合意以降、10年で3倍となる急激な円高とアジアの成長が符合し、1995年の1ドル＝80円から1998年の1ドル＝140円という急激な円安が、アジア通貨危機と符合していた。タイをはじめ、ドルと実質的な固定相場をとっていた国にとっては、1995年からの円高は、輸出条件を不利にした。日本の変動相場制とタイなどの実質ドル固定相場制とが併存するアジアの国際通貨制度が、通貨危機の際には、アジアの新興諸国を翻弄したと言える。

　現在の日本の量的緩和政策は、ドルに対して円を安くしている。この影響でタイ・バーツは円に対して高くなっている。アジア通貨危機前夜の状態が生まれつつある。アジア通貨危機後、危機の教訓から、アジアでもユーロを見習って共通通貨や東アジア経済圏を求める声があったが、近年のユーロ圏経済の混乱によって、こうした目標は失われている。アジア各国は、外貨を増やすことで危機に対応しているが、こうした自衛策とは別に、アジアにふさわしい国際通貨システムは必要である。

　変動相場制は、もともとは為替介入を不要にし、外貨準備を不要にする制度と言われていた。しかし、現状は、為替介入が頻繁に行われ、そのための外貨が必要となり、そして為替を安定化させるための先進国の協調体制が必要となった。理論と現実は異なっていた。

　わが国は変動相場制によって円高に苦しみ、産業の海外移転を招き、大きな転換を迫られた。競争力をつけることが為替の高騰を招き、ペナルティとなって返ってきたのである。変動相場制の被害をもっとも多く受けた国と言える。

　1973年に多くの先進国は変動相場制に移行したが、ヨーロッパは独自の道を歩んだ。国家統合まで射程に入れた経済統合を目指し、その象徴が欧州単一通貨ユーロであった。広域圏の単一通貨は、広域圏内の固定相場を意味する。変動相場制の利点ではなく、単一通貨の利点を追求したのである。

　このユーロの試みは、既に検討したように、必ずしも最適通貨圏論に

沿ったものではなかった。しかし、欧州中央銀行の存在は超国家的世界銀行のモデルを思わせたし、ユーロもまた世界統一通貨を思わせた。世界が完全な協調体制にあれば、ユーロや欧州中央銀行のような構想が世界的に可能であるという重要な選択肢を示したと言える。

仮にユーロが国家統合まで進めば、現在の国家間の問題は地域間の問題となり、金融よりも財政の問題になる。現在のユーロの危機は、リーマン・ショックに起因したものであり、深刻な危機にあることは間違いない。しかし、ユーロの目指した方向性は、国際通貨システムにも大きな道筋をつけるものである。

現在の国際経済の低迷は、もちろん国際通貨システムだけの問題ではない。しかし、貨幣と金融のつまずきが大きな原因となっている。実体経済に目を向けた堅実な経済の立て直しが求められるが、貨幣価値が不安定な状況では、経済活動の目標としての貨幣の増大が富の増大とはならない。

リーマン・ショック以降の国際的な金融危機により、BIS（国際決済銀行）を中心に、金融規制が整備されつつある。しかし、その原因の一つとなっている国際通貨システムの改革は、本格的な議論とはならない。基軸通貨国がアメリカであり、したがってアメリカが改革に乗り出さない限りは、議論は本格的なものにならない。

国際的な通貨システムの問題に一義的な回答はない。平和あるいは協調的な国際的政治環境を前提とするか、戦争や敵対的政治環境を前提とするかで、国際通貨システムは異なる。

金はこうした国家の間を行き来できる貨幣であった。

アメリカの圧倒的な覇権の力が、アメリカ・ドルを国際通貨としてきた。アメリカの相対的な地位の低下は、国際通貨体制への不安となる。

完全な平和の下で、一国の貨幣と同じように世界銀行が貨幣を発行し、これを各国が受け入れる体制は、理想的ではある。この場合には、人間が貨幣増発の誘惑を断つかどうかが最大の問題となる。人間にこうした規律を求めることが無理であるならば、金による何らかの形での制約を課す必要がある。貨幣経済のシステムでは、人間による貨幣の管理

結語

よりも、金という「物」によって管理されていた方が、ベターであるのかもしれない。

しかし、国際社会はそこまで成熟していない。国家は現実に存在し、緊張と対立も常に存在する。国際通貨システムの動揺は、金の価格の上昇となって現れている。アメリカやドイツは、外貨準備の過半を金で保有している。金は価値の安定性を保ち、国境を越えて受け取られる。金は、今でも強い社会的幻想を兼ね備えている。この点では、金の貨幣性は消えていない。

Appendix : The Prospect of an Asian Common Currency[22]

1. Introduction

After the Asian currency crisis in 1997, the creation of an Asian economic community and the most suitable currency system became controversial issues of the Asian economy. Though political tension has been rising in East Asia recently, these issues remain unavoidable. For Japanese the issues are especially important, because of the defeat of Japan's plan for an Asian Monetary Fund (AMF) in 1997 and the internationalization of the yen in Asia.

While Tomohiko Taniguchi concluded in his book (Taniguchi [2005]) that these efforts of Japan had been only a faraway dream of Japanese bureaucrats, even now the problem of 'East Asian Community' is recognized as one of the main issues by the Koizumi Cabinet.

Japanese Prime Minister Junichiro Koizumi for the first time referred to the problem in his speech on January 14, 2002, in Singapore. He said 'Our goal should be the creation of a community that acts together and advances together', and explained the geographic area of this community as follows:

> Through this cooperation, I expect that the countries of ASEAN, Japan, China, the Republic of Korea, Australia and New Zealand will be core members of such a community.

---

22) Appendix は、奥山 [2007]、The Prospect of an Asian common Currency, 『上武大学ビジネス情報学部紀要』、第6巻第2号、を修正の上、掲載したものである。

The community I am proposing should be by no means an exclusive entity. Indeed, practical cooperation in the region would be founded on close partnership with those outside the region. In particular, the role to be played by the United States is indispensable because of its contribution to regional security and the scale of its economic interdependence with the region. Japan will continue to enhance its alliance with the United States. (http://www.mofa.go.jp/mofaj/index.html)

From this statement, we have to take notice of the role of the United States in Prime Minister Koizumi's proposed alliance; namely his idea that the East Asian Community includes Australia, New Zealand and the United States.

Furthermore the problem of an 'East Asian Community' was referred in the General Policy Speech by Prime Minister Koizumi to the 162nd Session of the Diet, on January 21, 2005: " The Government will play an active role in the creation of an East Asian community (EAc), an open community that shares economic prosperity while embracing diversity." (http://www.mofa.go.jp/mofaj/index.html)

From a practical standpoint, however, there is not much possibility of an alliance among East Asian countries themselves. Japan has to give extra consideration to the United States. But China cannot accept such an arrangement. Additionally, generally speaking, Southeast Asian countries have a long experience of administration of ASEAN, but Northeast Asia countries, namely, China, Republic of Korea, and Japan have little experience of such efforts. Therefore we would have to say that the necessary conditions for an 'East Asian community' and a common administered currency of East Asia do not exist.

Yet the issues remain avoidable. Is there a solution, perhaps an unconventional one?

2. Currency Crisis in Asia and Foreign Exchange Rate System

The day July 2, 1997 is the memorial day of the Asian Currency Crisis. Thailand was compelled to change its foreign exchange system by the stampede of baht selling. Thailand had adopted a US dollar-peg (basket of currencies, mainly US dollar) system till the day, but after this turmoil, Thailand introduced a floating exchange rate system. Immediately, the Thai Baht devaluated sharply and the economic panic of Thailand spread rapidly throughout a majority of East Asian countries.

The devaluations of Asian currencies in comparison with the end of June 1997, were as follows: Thai baht 56%, Indonesian rupiah 85%, Malaysian ringgit 46%, Philippines peso 41%, and South Korean won 55%.

Before the crisis the economic conditions of Thailand, South Korea, and Indonesia were very stable and generally sound. In 1996, the GDP growth rates of these three countries were as follows: South Korea 7.1%, Indonesia 7.8%, and Thai 5.5%. Financial balances of these three countries were healthy. And the inflation rates were also in good condition for developing countries, with South Korea at 5.0%, Indonesia at 7.9%, and Thailand at 5.9%.

On the other hand, the ratios of current account balances to GDP were Thailand -7.9%, Indonesia -3.4%, and South Korea -4.7% in the red. The main reason is their export growth, namely Thailand from 26% in 1995 to -0.8% in 1996, Indonesia from 13.3% to 9.7% and South Korea also from 30.3% to 3.7%.

The main cause of the weakening of export growth for these countries was in the international foreign currency system itself. Namely the yen/dollar rate had a serious effect on their export growth. As is commonly known, after the Plaza Accord, appreciation of the yen continued. By May 1, 1995, the rate of 1 US dollar = 79.75 yen was recorded. From 1985 (Plaza Accord) to 1995, the value of the yen to the dollar increased three-fold. This period corresponded to the period of growing exports from the main South East Asian countries.

The year 1995 was the turning point for depreciation of the yen; that is, the yen/ dollar rate became 127 in May 1, 1997, and 148 by August 11, 1998. The turn from the sharp appreciation of the yen before 1995 to the sharp depreciation of it negatively impacted the export conditions of countries such as Thailand, Indonesia, and South Korea.

This situation resulted from neither the floating rate system between Japan and the United States nor the de facto the fixed rate system of East Asian currencies to the US dollar. It was due to the coexistence of the floating system and fixed system.

3. Rethinking of Nixon Shock, 1971

For Japan as well as for Japanese economists the most shocking event in the evolution of the international currency system was the Nixon Shock on August 15, 1971 (Ironically the day August 15th is the Memorial Day for Japan, namely, anniversary of the defeat of the World War II). Japan could not receive the unexpected crisis mode. While the foreign exchange markets of major industrialized countries were closed, the Tokyo exchange market remained open and the Japanese government continued to buy a massive amount of US dollars to maintain the 1 US dollar = 360 yen rate.

On August 27th, Japan introduced the floating exchange rate system; by this time, the amount of US dollars purchased by Japan increased to 4 billion US dollars.

The Smithsonian Agreement in December, 1971, revived the fixed exchange rate system but with 1 US dollar = 308 yen. However, in 1973 the fixed rate exchange system collapsed, and major industrialized countries shifted to the floating exchange rate system. Because of the devaluation of US dollar, a large amount of wealth was lost from Japan,

The Bretton Woods system had been functioning after the end of the World War II, and the features of this system were the fixed exchange rate system and the convertibility of dollar to gold. The background of this system was the whelming gold hoarding of the United States. The United States owned two-thirds of the gold in the world.

Under the Bretton Woods system, currencies of all countries were connected with gold through the US dollar. And the United States offered conversion at the rate of 1 oz gold = 35 US dollars, whenever authorities of foreign countries requested conversion of US dollars into gold. It is not the gold coin standard system but rather the gold exchange standard system.

After the Nixon Shock, the gold standard system has been suspended for over 40 years. The gold standard system has become an old story today, and the fixed exchange rate system as well. But currency crises have occurred frequently since the abandonment of the Bretton Woods system; for example in the 1990's, Europe 1992-3, Mexico 1994, Russia 1998, Brazil 1998-9, etc. The floating exchange rate system and the pure fiat money system have never succeeded in creating a stable international currency.

4. Methodology of the Theory of Commodity

Marx's *'Capital'* and Uno's *'Principles of Political Economy'* (*hereinafter referred to as Principles*) are based on the premise that money is gold. Both of them adopt the labour theory of value, generally speaking for Marxian economists gold has own value on the base of embodied labour in their theory.

But, their methodology of Commodity-theory is not same. The main difference is in the relationship between commodity and commodity-owner. Marx points out the discrimination of method of commodity-theory and exchange-theory, from 'A Contribution to the Critique of Political Economy' (hereinafter referred to as Contribution), 1859 to 'Capital', first edition, 1867. Marx explains this problem as below in 'Contribution'.

> So far two aspects of the commodity — use-value and exchange-value — have been examined, but each one separately. The commodity, however, is the direct unity of use-value and exchange-value, and at the same time it is a commodity only in relation to other commodities. (Marx [1987], p.282-283).

A similar explanation is referred in the first edition of Capital 1867.

The important point is that Marx does not take account of the commodity-owner in his analysis of commodity. The social character of commodity determines the behaviour of commodity-owner, namely commodity owner is a personification of commodity for Marx. So, at first commodity is analysed and then exchange process by commodity-owner is considered. That is the Marx's method of commodity-theory. And his value-form theory is included his commodity theory, so the commodity-owner has no role in his value-form theory.

This idea was shaped in 'Capital' clearly; he divided such different way of considerations into two independent sections, namely 'commodity' and 'exchange' in 'Chapter 1 Commodity and money' in the first edition (1867), and in the second edition, these two sections became two chapters.

Uno's method of commodity theory is considerably different from Marx's idea. Uno includes the behaviour and the desire of the commodity-owner in his theory of value-form. According to Marx, these factors are included in theory of exchange, not the commodity. And Uno dose not assume the labour theory of value. Needless to say, Marx analysed value-form-theory on the condition on equivalent-labour.

5. Value of Money from the Standpoint of Value-Form Theory

Now what I want to try is to consider the determination of value of money on the base of theory of value-form. We can see labour, because it is an activity of human beings. The substance of value is abstract human labour, and the value is the materialisation of abstract human labour. So we cannot see the value of commodity. Value of exchange is visible, because it is the exchange ratio of commodities. And the complete form of exchange-value is price, so it is visible, too. Price is the exchange ratio of commodity to money. For Marx the theory of value-form is the verification of inevitability from his conception of value to price and money. Value is an invisible and social feature of commodity, so it has to appear as price in the commodity world. That is the theoretical character of Marx's value-form theory. In this externalism from value to price, the behaviour and desire of commodity owner need not taken account of.

I think notwithstanding we can reach different conclusion from Marx on the base of Uno's method of theory of commodity. And that result will become also different from Uno.

Borrowing from '*Capital*', we use an example of Linen and coat for consideration of value- form theory.

Marx takes value-form as the appearance of value, which is the embodied labour. Uno regards value-form as the form of proposal of exchange by the linen commodity-owner with the expression of the value of his commodity. The proposal of exchange is made by the commodity-owner of linen to commodity-owners of coat. The number of coat-owners is not limited to single. We have to suppose plural coat-owners in this theory, and linen owner want not the specific person but just coat. Specification of trading partner is not a problem for linen-owner. Linen owner want to exchange his commodity to anyone who own the coat. This assumption distinguishes value form theory from barter.

20 yards of linen = 1 coat, or 20 yards of linen are worth 1 coat.

And the direct exchangeability of equivalent commodity comes from the proposal of exchange of the commodity-owner standing on the relative form of value, in this case, the owner of linen.

Therefore through the expression of value, we recognise the value-form as the subjective unilateral proposal of the bargaining point. Hence the equivalent commodity (coat) is given the direct exchangeability to the commodity (linen) by the owner, who proposes to exchange. That is the reason why the commodity-owner who is required to exchange obtains the right to determine the exchange.

Evaluation of value is done subjectively, and the unilateral proposal of linen owner gives the power of the exchange to the coat owner. In the same way, money acquires purchasing power through the expression of value by all commodity-owners. Commodity-owners legitimise the purchasing power to money. Money owner always can buy commodities whenever he wants, and commodity owners are waiting for the time to sell.

In the case of gold money, the subjective evaluation of value by all commodity-owners, support the value of gold money. And in the case of fiat money, the illusion of commodity-owner in the market supports the value of money.

And for Marx, the value of money is determined by the labour theory of value before the theory of value-form. However the value of money is not the embodied by labour itself, but the purchasing power in general, so as mentioned above, the evaluation of commodity-owner plays an important role in determination of value of money.

6. Measurement of Value

Even in the world of gold money, practically, people expresses the value of his commodity not by gold as material, namely, the weight, for example ounce, gram etc, but by the name of money, such as pound, US dollar, yen etc. But it is important that the names of money linked to the weight of gold in the gold standard system.

The purchasing power of money depends on the value of gold in the gold standard system. The commodity owner subjectively evaluates his commodity by gold. In this case, gold has its own value. The commodity owner subjectively compares the value of his commodity with value of gold, and depending on his subjective comparison between the value of his commodity and gold, he expresses the value of his commodity by gold as material.

Now by what is the value of money guaranteed in our fiat currency?

Uno says in his *Principles* as follows:.

Neither the abolition of the gold standard nor the administration of managed currency, however, can perfectly and irrevocably displace gold which still remain the ultimate measure of commodity values (Uno [1980], p.12).

The first edition of this *Principles* is published in 1964, namely before Nixon Shock, and this description is included from then. So the 'ultimate measure' of gold means the convertibility of dollar to gold. After Nixon Shock, according to Uno's thinking, 'ultimate measure' by gold has to be denied.

Central Banks and governments control the fiat currency, but they cannot decide the value of money; they can only force us to accept fiat currency.

In the case of fiat money, we have to remember that the most important point of the value of money is that it is decided by the subjective evaluation of value by the commodity owners as well as gold money. But the meaning of 'subjective' in the case of fiat money is far different from gold money. Gold has its own value. But fiat money has not its own value. So the commodity owner expresses his value by the money without its own value. But by the expression of commodity owner fiat money obtains the purchasing power, that is, the value of money.

For example, the owner of tea prices tea 100g is 1000 yen. In this case, 1000 yen gets the purchasing power of tea 100g. The pricing of commodity owners transfer the exchangeable power from his commodity to money. This is the same context with the gold coin standard. In the case of fiat currency, it has not its own value, notwithstanding, paper as money obtains the purchasing power.

The value of fiat currency is an illusion or a belief which is made by commodity owners or people in money economy. And the essence of fiat currency is the name of money and number, for example '1000' and 'yen'. Name and number has the purchasing power in today's currency system. Fiat currency is supported by people in society, and so far as believed by people, it functions as money actually.

The criteria of value of fiat currency itself often changes. The price level of Japan has risen three times from 1970 to today. It is plausible that the reason is rather the devaluation of value of money than the increase of demands for commodities.

The value of fiat currency collapses in the war, or the political or economic crisis like 1923-24 Germany, 1998 Russia, and so on. Fiat currency infinitively returns to paper itself. In the case of gold money, if money returns to gold, gold has its own value as commodity and it must be kept as the wealth of human nature. But in the case of fiat currency, paper, it becomes worthless, and not wealth for us, because the nature of fiat currency is the name and number.

7. Conclusion — Gold as Money for East Asia

After the Nixon shock, floating system smashed Japan repeatedly and Japan is the victim of floating exchange rate system. Japanese yen appreciated from 250 yen per US dollar in January 1985 to 150 yen in October 1986, and it eventually reached above 80 yen in April 1995. In about 10 years, the value of yen appreciated three times against US dollar. Such a fluctuation of exchange rate cannot be overcome by company efforts. Deindustrialization and recession hit Japan.

As already noted, the floating exchange rate system between the United States and Japan was the main cause of the Asian currency crisis, because fixed exchange rate system of Asian currencies to US dollar was affected by the fluctuation of the exchange rate between US dollar and yen.

One influential stream of Asian currency system is some kind of dollarisation of Asia, for example, the creation of US dollar as anchor currency, or return to before crisis in the form of more sophisticated system. These proposals supported the accomplished fact in Asia, namely Asian currency recover to the connection with US dollar [Mackinnon 2001]. But the most popular idea is, as is commonly known, basket currency system for Asia.

But there are some serious difficulties in this problem. One is the attribution of seigniorage. If Asian countries select the dollar as anchor currency, huge seigniorage would attribute to US.

The basket currency system is better than anchor currency system as regarding the stability of value. However, currency basket, under the present currency system, also fiat money, and it has not its own value. So, if today's internationalization goes with the synchronization of world wide economy, the meaning of basket currency will be lost gradually. For example in the case of simultaneous inflation, deflation, contagious economic panic, it is doubtful that basket currency can function effectively.

And the most important issue of East Asian counties is the political friction between North East Asia. So, it is so difficult to create the single currency like EURO, and agree on the constitution or weight of basket currency.

However, a common currency in Asia, if possible, is the desirable currency for Asia. A currency which circulates in small area is exposes itself to danger, exchange risk, rapid outflow of capital, attack by hedge fund. So, a currency which circulates in a wide area is more stable.

From this view point, I think gold has to be considered as interenational money. The reason is that Gold is neutral from the political friction and seigniorage. These features are suitable for Today's East Asian situation. Of course there are some defects in gold standard, such as the luck of absolute amount of hoarding, therefore, it often brings climate of deflation, limitation of growth by outflow of gold, and etc. If we can control the gold, however, at least, we can revaluate gold as universal medium of payment and foreign exchange reserve.

We can find the phrase as below, in Marx's *'Capital'*.

When money leaves the sphere of circulation, it strips off the local garbs which it there assume, of a standard of prices, of coin, of token, and a symbol of value, and returns to its original form of bullion. (Marx [1996], p.153)

The universal character of gold made it 'money of the world'. The time has come to reconsiderate on the gold as international money.

参考文献

欧米文献

Aristotle [1969]、『政治学』(*Politica*)、『アリストテレス全集』、第15巻、岩波書店。

[1973]、『ニコマコス倫理学』(*Ethica Nicomachea*)、『アリストテレス全集』、第17巻、岩波書店。

Arndt, Heinz W., [1972], *The Economic Lessons of the Nineteen-Thirties*, Frank Cass, 『世界大不況の教訓』、小沢健二他訳、東洋経済新報社、1978。

Astrow, André [2012], *Gold and the International monetary System*, Chatham House Gold Taskforce, Chatham House, February 2012.

Bailey, Samuel [1967], *A Critical Dissertation on the Nature, Measure and Causes of Value*, rpt. Augustus M. Kelley. 『リカアド価値論の批判』、鈴木鴻一郎訳、日本評論社、1948。

[1837], *Money and its Vicissitudes in Value*, Effingham Wilson, London.

Bayoumi, Tamim, Eichengreen, Barry and Taylor, Mark P. [1996], *Mordern Perspective on the Gold Standard*, Cambridge University Press.

Bernstein Peter L. [2000], *The Power of the Gold*, John Willey &Sons, 2000.『ゴールド・・・金と人間の文明史』、鈴木主税訳、日本経済新聞社。

Blaug, Mark [1985], *Economic Theory in Retrospect*, Cambridge University Press, 『経済理論の歴史Ⅰ―古典学派の展開』、久保芳和・真実一男訳、東洋経済新報社、1982。

[1995], Why is the quantity theory of money is the oldest surviving theory in economics, *Quantity Theory of Money*, Blaug, Mark, et al., *Edward Elgar, Cheltenham, UK. Bordo, Michael D.*

Bordo, Michael D. ed. [1999], *The Gold Standard &Related Regimes: Collected Essays*, Cambridge University, Cambridge.

Böhm-Bawerk, Eugen von [1896], *Karl Marx and the Close of his System*. スウィージー編『論争マルクス経済学』玉野井芳郎他訳、法政大学出版局、1969。

Chowdhury, Anis and Islam, Iyanatul ed. [2001], *Beyond the Asian Crisis*, Edward Elgar.

参考文献

Dadush, Uri, Dasgupta, K. Dipak and Uzan, Marc ed. [2000], *Private Capital Flow in the Age of Globalization*, Edward Elgar.

Dodd, Nigel [1994], *The Sociology of Money, : Economics, Reason and Contemporary Society*, Polity Press.『貨幣の社会学』、二階堂達郎訳、青土社、1998。

Eichengreen, Barry and Flandreau, Mark, ed. [1997], *The Gold Standard in Theory and History*, Second edition, New Fetter Lane, London.

Elitis, Walter [1995], *John Locke, the Theory of Money and the Establishment of a Sound Currency*, Blaug, Mark, et al.

Fisher, Irving [1916], *The Purchasing Power of Money: Its Determination and Relation to Credit Interest and Crises*, The Macmillan Company, New York.『貨幣の購買力』、金原・高木共訳、改造社、1936。

Fisher, Stanley [1982], Seigniorage and the Case for a Nation Money, *Journal of Political Economy*, Vol. 90, No. 21.

Foley, Duncan K. [2006], *Adam's Fallacy*, The Belknap Press of Harvard University Press, Cambridge, Massachusetts/London.『アダム・スミスの誤謬』、亀崎澄夫他訳、ナカニシヤ 2011。

Friedman, Milton [1953], *Essays in Positive Economics*, The University of Chicago Press.

[1964]、「貨幣理論の現状」、安井琢磨・熊谷尚夫・西山千明編『近代経済学講義』、創文社、所収。

[1968], The Role of Monetary Policy, American Economic Review, March.『インフレーションと金融政策』、新飯田宏訳日本経済新聞社、1972年。

[1978]、『インフレーションと失業』、保坂直達訳・解説、(Inflation and Unemployment (No.51), Unemployment Versus Inflation (No.41), Monetary Correction (No.41), The counter-revolution in Monetary Theory (No.33), *Occasional Paper by The Institute of Economic Affairs*, London)

[1992], *Money Mischeif, Episodes in Monetary History*, Harcourt Brace Jovanovich.『貨幣の悪戯』、斎藤精一郎訳、三田出版会、1993。

Friedman, Milton and Schwartz, Anna Jacobson [1963], *A Monetary History of the United States*, 1867-1960, Princeton University Press.『大収縮 1929-1933 米国金融史 第7章』、久保恵美子訳、日経BCクラシックス、2009。

Galbraith, James, et al., [1994], *MACROECONOMICS*, Houghton Mifflin Company, Boston etc.『現代マクロ経済学』、塚原康博他訳、TBSブリタニカ、

1998。

Glasner, David [1985], A Reinterpritation of classical monetary Theory, *Souththern Economic Journal*, 51 (1).

Harris, Joseph [2012], *An Essay Upon Money and Coins*, Vol 1-2; *The Theories of Commerce, Money, and Exchanges*, 1757-58, General Books.『貨幣・鋳貨論』、小林昇訳、東京大学出版会、1975。

Harrod, Roy [1969], *Money*, Macmillan,『貨幣』、塩野谷九十九訳、東洋経済新報社、1974。

Herr, Hansjörg [1992], *Geld Währungsweltbewerb und Währungssysteme; theoretische und histrische Analyse der internationalen Geldwirtsschaft*.『国際通貨の政治経済学―貨幣・通貨間競争・通貨システム』、赤口明義訳、多賀出版、1996。

Hume, David [1955], *Political Discourses*, 1752, *Writings on Economics*, ed. by Eugene Rotwein, University of Wisconsin Press.『経済論集』、田中敏弘訳、東京大学出版会、1967。

Johnson, Harry G., [1972], *Inflation and the Monetarist Controversy*, The North-Holland Publishing Company. The Keynesian Revolution and the Monetarist Counter-Revolution, *American Economic Review*, May 1971.『ケインジアン―マネタリスト論争 インフレーションの経済学』、鬼塚雄丞・氏家純一訳、東洋経済新報社、1980。

Kaldor, Nicholas [1970], The New Monetarism, *Lloyds Bank Review*, July.『インフレーションと金融政策』、新飯田宏訳、日本経済新聞社、1972。
　　　[1978], *Furthe Essays of Applied Economics*.『貨幣・経済発展そして国際問題』、笹原五郎他訳、日本経済評論社、2000。
　　　[2009], *The scourge of monetarism*, 2nd, ed., Oxford University Press.『マネタリズム―その罪過』、原正彦他訳、日本経済評論社、1984。

Keleher, R. E., [1991], The Use of Market Prices in Implementing Monetary Polocy: The Bullionist Contribution, *Southern Economic Journal*, 58 (1) I44-I54.

Keynes, John Maynard [1971a], *General Theory of Employment, Interest and Money*, 1936, *The Collected Works of John Maynard Keynes*, Vol. 7. Palgrave Macmillan.『ケインズ全集 第7巻 雇用・利子および貨幣の一般理論』、塩谷祐一訳、東洋経済新報社、1981。
　　　[1971b], *A Tract on Monetary Reform*, *The Collected Works of John Maynard*

Keynes, Vol. 4. Palgrave Macmillan.『ケインズ全集 第4巻 貨幣改革論』、中内恒夫訳、1978。

[1971c], *A Treatise on Money*, 2 vols, *A Treatise on Money 1, The Pure Theory of Money*, 1930, *Collected Works of Keynes*, Vol. 5. Palgrave Macmillan『ケインズ全集 第5巻 貨幣論1 貨幣の純粋理論』小泉 明・長澤惟恭訳、東洋経済新報社、1979。

[1971d], *A Treatise on Money*, 1930, *The applied Theory of Money, Collected Works of Keynes*, Vol. 5. Palgrave Macmillan.

[1943], Proposals for an International Clearing Union (April 1943), *The International Monetary Fund* 1945-1965-*Twenty Years of International Monetary Cooperation*, Vol. III: Documents, Ed., by J. Keith Horsefield, International Monetary Fund, 1969. 世界経済研究協会編村野孝監修『国際通貨体制の長期展望』、至誠堂、1972。

Knapp, Georg Friedrich [1905], *Staatliche Theorie des Geldes*, Leipzig, Duncker & Humblot.『貨幣国定説』、宮田喜代蔵訳、有明書房、1988。

Krugman, Paul R. [1991], *Has the Adjustment Process Worked*, The Institute for the International Economics.『通貨政策の経済学』、林靖史・河野龍太郎訳、東洋経済新報社、1998。

Laidler, David [1991], *The Golden Age of Quantity Theory of Money*, Harvester Wheatsheaf.『貨幣数量説の黄金時代』、嶋村紘輝他訳、同文館、1991。

Law, John [2010], *Money and Trade*, Gale Ecco, Print Editions.『貨幣と商業』吉田恵一訳、世界書院、1966、吉田恵一訳、泉文堂、1968。

Locke, John [1963], *Works of John Locke*, Vol. 5, 1823, rpt. Scientia Verlag Aalen. *Some Considerations of the Consequences of the Lowering of Interest, and Raising the Value of Money*, 1692.『利子・貨幣論』、田中正司・竹本洋訳、東京大学出版会、1978。

Further Considerations concerning Raising the Value of Money, 1695.『利子・貨幣論』、田中正司・竹本洋訳、東京大学出版会、1978。

Two Treatises of Government, 1690, *Works of John Locke, Vol. 5, 1823*, rpt. Scientia Verlag Aalen.『統治二論』加藤節訳、岩波文庫、2010。

(Locke [1991], *Locke on Money*, W. Yolyon, ed., Oxford University Press.)

Mackinnon, Ronald I. [1993], International Money in Historical Perspective, *Journal of Economic Literature*, Vol. 31, March, 1993.『ゲームのルール』、日本銀行国債通貨問題研究会訳、ダイヤモンド社、1994。

[2001], The East Asian Exchange Rate Dilemma, (International Conference, Money Outlook on East Asia in An Integration World Economy, September 5-6, 2001, Chulalongkorn University, Bangkok).

[2001], The East Asian Exchange Rate Dilemma, Joseph E. Stiglitz, Shahid Yusuf ed., *Rethinking the East Asian Miracle*, World Bank Publication.

MacLean Brian K., [1999a], The Rise and Fall of the Crony Capitalism Hypothesis: Causes and Consequences, revised version of paper presented at the Alternative Federal Budget Round-table of Economists, Parliament Hill, Ottawa, January 4.

[1999b], *The Transformation of International Economic Policy Debate*. 1998-98, in MacLean K., Brian, *Out of Control: Canada in Unstable Financial World*, James Lormer, Tronto.

MacLean, Brian K., Paul Bowles and Osvald Croci [1999], *East Asian Crisis and Regional Economic Integration*, in Alan M. Rugman and Gavin Boyd, eds., *Deepening Integration in Pacific Economies*, Edward Elgar, London.

Malthus, Thomas Robert [2012], *Principles of Political Economy*, General Books. 『経済学原理』、小林時三郎訳、岩波文庫、上、下、1968。

Marshall, Alfred [2003], *Money Credit and Commerce*, rpt. Prometheus Books. 『貨幣信用貿易』、永沢越郎訳、岩書店、1988。

Marx, Karl [1971a], Das *Kapital*, Marx-Engels *Werke*, Dietz Verlag, Berlin, Bd. 23. 『資本論』、社会科学研究所監修、資本論翻訳委員会訳、新日本出版社、第1分冊、1982。

[1971b], Zur Kritik der Politischen Öconomie, *Marx-Engels* Werke, Bd. 13.『経済学批判』、杉本俊朗訳、大月書店、国民文庫、1966。

[1996], *Capital: Critique of political oeonomy, Marx-Engels Works*, Progress Publishers, Moscow, Vol. 35.

[1987], *A Contribution to the Critique of Political Economy, Karl Marx-Frederick Engels Collected Works*, Progress Publishers, Moscow, Vol. 28.

Mill, J. S. [1965], *Principles of Political Economy with Some of Their Applications to Social Philosophy*, 1st ed. 1848, 7th ed. 1871, *Collected Works*, Vol. 2, Vol. 3, University of Toronto Press.『経済学原理』、末永茂喜訳、岩波書店、全5分冊、1959-1963。

Misselden Edward [1970], *Free Trade and the Means to Make Trade Flourish*, 1622,

Da Capo Press Theatrvm Orbis Terrarvm Ltd, Amsterdam.

Mizen, Paul [1994], *Buffer Stock Model and the Demand*, St. Martin's Press.『現代マネタリズムの展開―バッファーストックプローチからの検討』、中山嘉彦訳、昇洋書房、1998。

Montesquieu, Charles Louis de Secondat [1900], *The Spirit of Laws*, rpt. Prometheus Books (*De l' Esprit des Lois*, 1748).『法の精神』、野田良之他訳、岩波文庫、上、中、下、1989。

Mun, Thomas [1986], *England's Treasure by Forreaign Trade*, 1664, rpt. by Augustus M. Kelley.『外国貿易によるイングランドの財宝』、渡辺源次郎訳、東京大学出版会、1965。

Mundell, Robert, A. [1961], A Theory of Optimum Currency Area, *American Economic Review*, Vol. 51, Sept, 1961.

　　[2000], *International Economics*, Chp. 12, The Macmillan Company,『新版国際経済学』、渡辺太郎他訳、ダイヤモンド社、2000。

　　[1971], *Monetary Theory : Inflation, Interest, and Growth in the World Economy*, Goodyear Publishing Company.『貨幣理論』、柴田裕訳、ダイヤモンド社、2000。

　　[1997], *The International Monetary System in the 21th Century: Could Gold Make a Comeback*, Center for Economic Policy Studies, St. Vincent College, 1997.

　　[2000],「日本の金融政策、通貨危機、そして金本位制」、*Diamond Harvard Business*, December-January 2000, Harvard Business Review 日本版。

Petty, William [1899], *The Economics Writings of Sir William Petty*, 2vols, ed. by C. H. Hull.

　　[1662], *A Treatise of Tax and Contributions, Ibid*.『租税貢納論』、大内兵衛・松川七郎訳、岩波文庫、1952。

　　[1691], *The Political Arithmetick, Ibid*.『政治算術』大内兵衛・松川七郎訳、岩波文庫、1955。

　　[1691], *The Political Anatomy of Ireland, Ibid*.『アイルランドの政治的解剖』松川七郎訳、1951。

Ricardo, David [1951a], *On the Principles of Political Economy and Taxation*, *Works and Correspondence of David Ricardo*, ed., by Sraffer, Piero, Cambridge, University Press, Vol. 1.『経済学および課税の原理』、『リカードウ全集』

第 1 巻、末永茂喜監訳、雄松堂、1970。

[1951b], Price of Gold, *Works and Correspondence of David Ricardo*, 1951, Vol. 3.「金の価格」、『リカードウ全集』第 3 巻、末永茂喜監訳、雄松堂、1970。

[1951c], High Price Bullion, 1810, *Works and Correspondence of David Ricardo*, Vol. 3,「地金の高い価格」、『リカードウ全集』第 3 巻、1970。

[1951d], Reply to Mr. Bosanquet's Practical Observations on the Report of the Bullion Committee 1811, *Works and Correspondence of David Ricardo*, Vol. 3.「ボウズンキト氏の『地金委員会報告書に対する実際的観察』への回答」、『リカードウ全集』第 3 巻、1970。

[1951e], Notes on Bentham's Sur les Prix, *Works and Correspondence of David Ricardo*, Vol. 3.「ベンタム「物価論」評注、『リカードウ全集』第 3 巻、1970。

[1951f], Proposals for an Economical and Secure Currency 1816, *Works and Correspondence of David Ricardo*, Vol. 4.「経済的でしかも安定的な通貨のための提案」、『リカードウ全集』第 4 巻、1970。

[1951g], Plan for the Establishment of a National Bank, *Works and Correspondence of David Ricardo*, Vol. 4.「国立銀行設立試案」、『リカードウ全集』第 4 巻、1970。

Schumpeter, Joseph A. [1954], *History of Economic Analysis*, George Allen & Unwin, London, 『経済分析の歴史』全 7 巻、東畑精一訳、岩波書店、1955-1962。

Smith, Adam [1981], *An Inquiry into the Nature and Causes of the Wealth of Nations*, original edition, 1776, ed., by R. H. Campbell and A. S. Skinner, Liberty Fund, in Dianapolis.『国富論』、水田洋監訳、岩波文庫、全 4 分冊、2001。

[1978], *Lectures on Jurisprudence*, ed. by R. L. Meek, et al., Oxford University Press, rpt., ed., Liberty Fund.『法学講義』水田洋訳、岩波文庫、2005。

Sohmen, Egon [1963], *International Monetary Problems and The Foreign Exchanges*, Princeton University. 貝塚啓明訳、勁草書房、1964。

Steuart, James [1998], *An Inquiry into the Principles of Political Economy*, ed., by A. S. Skinner, 4 vols. Pickering&Chatto, London, 1998. Original published, 1767, *Collected Works of James Steuart*, 1805, 7vols. Routsledge/

Thoemmes Press, 1995. 小林昇監訳『経済の原理』、名古屋大学出版会、上巻（第1・2編）、1998、下巻（第3・4・5編）、1993。
Stiglitz, Joseph E. [2002], *Globalization and its Discontents*, W. W. Norton.『世界を不幸にしたグローバリズムの正体』、鈴木主税訳、徳間書房、2002。
Stiglitz, Joseph and Yusuf, Shahid ed. [2001], *Rethinking the East Asian Miracle*, Copublition of the world Bank and Oxford University Press.
Tooke, Thomas, Newmarch and William [1998], *A History of Prices and the State of the Circulation from 1792 to 1856*, 6 vols, 1838-1857, rpt. General Books.『物価史』、第1-3巻、藤塚知義訳、東洋経済新報社、1978-1980。
Tooke, Thomas [2008], *An Inquiry into the Currency Principles and the Connection of the Currency with Prices and the Expediency of Separation of Issue from Banking*, 1844, rpt. Biblio Bazaar.
Triffin, Robert [1960], *The Gold and the Dollar Crisis: The Future of Convertibility*, Yale University Press.『金とドルの危機』、村野孝・小島清監訳、勁草書房、1961。
Turgot, Anne Robert Jacques [1972a], *Reflèxion sur la formation et la distribution des richess*, 1766, *Œuvres de Turgot*, Vol. 2, rpt. Verlag Detlev Auverman,「富の分配と形成に関する省察」、『チュルゴ著作集』、津田内匠訳、岩波書店、1962。
[1972b], *Value et Minaies*, 1769?, *Œuvres de Turgot*, Vol. 3,「価値と貨幣」、『チュルゴ著作集』、同前。
Viner, Jacob [1965], *Studies in the Theory of International Trade*, original edition 1937, rpt., Augustus M. Kelley.『国際貿易の理論』、中澤進一訳、勁草書房、2010。
Observations on certain verbal disputes in Pol. Econ. particularly relating to value and to demand and supply, London, 1821.
Report to the Congress of the Commission on the Role of Gold in the Domestic and international Monetary Systems, March 1982.

日本語文献

SGCIME [2011]、『増補新版 現代経済の解読―グローバル資本主義と日本経済』、御茶の水書房。
荒木光太郎 [1936]、『貨幣概論』、有斐閣。
荒巻健二 [1999]、『アジア通貨危機とIMF』、日本経済評論社。

有馬敏則［1984］、『国際通貨発行特権の研究』、日本学術振興会。
石橋貞夫［2010］、「国際金融危機とSDR—SDRとバンコール」、和歌山大学経済学会『研究年報』、第14号。
伊藤誠［1989］、『資本主義経済の理論』、岩波書店。
伊藤誠・C.ラパビタス［2002］、『貨幣・金融の政治経済学』、岩波書店。
伊藤修・奥山忠信・箕輪徳二共編［2003］、『東アジアの経済政策と通貨・金融問題』、社会評論社。
猪俣津南雄［1932］、『金の経済学』、中央公論社。
岩井克人［1993］、『貨幣論』、筑摩書房。
宇野弘蔵［1970］、『経済原論』、岩波全書。
UNO, Kozo [1980], *Principles of Political Economy—Theory of a Purely Capitalist Society*, Translated into English by Sekine, T. Thomas, The Harvester Press
大内秀明［1998］、『東アジア地域統合と日本経済』、日本経済評論社。
大谷聡・渡辺健一郎［2004］、「東アジア新興諸国の外貨準備保有高について」、『金融研究』、日本銀行、2004年12月。
大友敏明［2009］、「反通貨管理の思想—J. W. ギルバートとT. トック」、『立教経済学研究』、第62巻第4号。
大森郁夫［1996］、『ステュアートとスミス』、ミネルヴァ書房。
岡崎保［1993］、『貨幣数量説の新系譜』、九州大学出版会。
岡村健司編［2009］、『国際金融危機とIMF』、財団法人大蔵財務協会。
岡本悳也・楊枝嗣朗［2011］、『なぜドル本位制は終わらないのか』、文眞堂。
小川英治［1998］、『国際通貨体制の安定性』、東洋経済新報社。
奥山忠信［1990］、『貨幣理論の形成と展開—価値形態論の理論史的考察』、社会評論社。
　　　　［1999］、『富としての貨幣』、名著出版。
　　　　［2001］、「金貨幣の今日的意義」、『経済理論学会年報』、第37号。
　　　　[2003], An Essay for the Asian Common Currency: The Role of Gold, *Chulalongkorn Journal of Economics*, Vol. 15(1), Chulalongkorn University, Thailand.
　　　　［2004］、『ジェームズ・ステュアートの貨幣論草稿』、社会評論社。
　　　　［2005］、「アジア通貨システムの展望」、伊藤修・奥山忠信・箕輪徳二共編著『通貨金融危機と東アジア経済』、社会評論社、所収。
　　　　[2007]、The Prospect of an Asian common Currency、『上武大学ビジネ

ス情報学部紀要』、第6巻第2号。
　　　［2008］、「アジア通貨危機と統一通貨の可能性」、星野富一、奥山忠信他共編著『グローバル資本主義と景気循環』、御茶の水書房、所収。
　　　［2009］、「ジェームズ・ステュアートの貨幣数量説批判」、『埼玉学園大学紀要経営学部編』、第9号。
　　　［2010a］、「金貨幣の合理性に関する考察」、『政策科学学会年報』、創刊号。
　　　［2010b］、「ロックの貨幣数量説」、『埼玉学園大学紀要経営学部編』、第10号。
　　　［2011a］、「市場における貨幣量の役割―David Humeの貨幣論」、奥山・張編『現代社会における企業と市場』、所収。
　　　［2011b］、「アダム・スミスと貨幣数量説」、『埼玉学園大学紀要経営学部編』、第11号。
　　　［2012a］、「マルクス経済学」、水田健編著『経済学史』、ミネルヴァ書房。
　　　［2012b］、「貨幣数量説における交換方程式の考察」、『埼玉学園大学紀要経営学部編』、第12号。
　　　［2013］、「リカードウの貨幣数量説と国立銀行設立試案」、『政策科学学会年報』、第3号。
奥山忠信・高橋靖夫［2002］、『金の魅力　金の魔力』、社会評論社。
奥山忠信・古谷豊［2006］、『ジェームズ・ステュアート「経済学原理」草稿
　　　―第3編 貨幣と信用』、御茶の水書房。
小田野純丸［2008］、「東アジア諸国の対外経済リスク管理と外貨準備保有行動」、『滋賀大彦根論叢』、第372号。
小野朝男［1976］、『国際通貨体制』、ダイヤモンド社。
小幡道昭［1999］、編著『貨幣・信用論の新展開』、社会評論社。
勝村努・中村宗之［2013］、共編著『貨幣と金融―歴史的転換期における理論と
　　　分析』、社会評論社。
川野祐司［2007］、『最適通貨圏としてのユーロエリア―ユーロへの新規参加をめ
　　　ぐって』、財団法人三菱経済研究所。
関志雄［1995］、『円の経済圏―アジアにおける通貨統合の展望』、日本経済新聞社。
　　　［1996］、「最適通貨圏の理論から見た円圏成立の可能性」、河合正弘『アジアの金融・資本市場―自由化と相互依存』、日本経済新聞社、所収。
　　　［2009］、「注目される中国発『SDR準備通貨構想―ドル体制に『ノー』

という周小川・人民銀行総裁、『季刊中国資本市場研究』、2009 Summer。
Kwan, Chi. Hung [1999], Towards a Yen Bloc in Asia, *Nomura Research Institute Quarterly* 8, 2 Summer, 1999.
岸本周平 [1999]、「新宮沢構想の使命とアジア通貨基金」、『ファイナンス』、1999 年 5 月号。
木村禧八郎 [1934]、『円・弗・磅・法の話―各国通貨の基礎知識』、千倉書房。
金日植 [2009]、『アジア経済発展の限界と危機構造の検証』、リーダーズノート株式会社。
国宗浩三 [2000]、『アジア通貨危機―その原因と対応の問題点』、アジア経済研究所。
——— [2001]、『アジア通貨危機と金融危機から学ぶ』、アジア経済研究所。
——— [2009]、「金融グローバル化と増え続ける発展途上国の外貨準備」、『国際資本移動と東アジア新興市場諸国』調査研究報告書、アジア経済研究所。
クリストバル・コロン [1977]、『コロンブス航海誌』、林屋永吉訳、岩波文庫。
小池田冨男 [2009]、『貨幣と市場の経済思想―イギリス近代経済思想史の研究』、流通経済大学出版会。
近藤健彦他編著 [1998]、『アジア通貨危機』、東洋経済新報社。
佐藤有史 [2003]、「古典派貨幣理論―古い解釈と新しい解釈―」、『経済学史学会年報』、第 44 号。
桜井錠治郎 [1994]、『EU 通貨統合』、社会評論社。
清水敦 [1997]、『貨幣と経済』、昭和堂。
島崎久彌 [1987]、『ヨーロッパ通貨統合の政治経済学』、日本経済評論社。
島野卓彌 [1996]、『欧州経済統合の経済分析』、有斐閣。
末廣昭 [2000]、『キャッチアップ型工業化論』、名古屋大学出版会。
菅原陽心 [2012]、『経済原論』、御茶の水書房。
鈴木浩次編 [1964]、『国際流動性論集』、東洋経済新報社。
富田俊基 [2006]、『国債の歴史』、東洋経済新報社。
宋立水 [2010]、「国際金融危機頻発からの示唆：制度的欠陥について」、『立命館經濟學』、第 58 巻第 5・6 号。
千賀重義 [1989]、『リカードウ政治経済学研究』、三嶺書房。
大黒弘慈 [2000]、『貨幣と信用』、東京大学出版会。
高木信二編著 [2003]、『通貨危機と資本逃避―アジア通貨危機の再檢討』、東洋経済新報社。

高橋琢磨・関志雄・佐野鉄司 [1998]、『アジア金融危機』、東洋経済新報社。
高橋靖夫 [1995]、『金―新時代の架け橋』、総合法令出版。
　　　　[1999]、『新世界秩序』、上、下、総合法令出版。
　　　　[2009]、『金本位制復活』、東洋経済新報社。
高屋定美 [2009]、『ユーロと国際金融の経済分析』、関西大学出版部。
侘美光彦・杉浦克己 [1986]、共編著『国際金融―基軸と周辺』、社会評論社。
竹内晴夫 [1997]、『信用と貨幣』、御茶の水書房。
竹本洋 [1995]、『経済学大系の創成』、名古屋大学出版会。
田中素香 [1998]、『EMS: ヨーロッパ通貨制度』、有斐閣。
田中素香・藤田誠一編 [2003]、『ユーロと国際通貨システム』。
谷口智彦 [2005]、『通貨燃ゆ』、日本経済新聞社。
　　　　[2012]、『金が通貨になる日』、幻冬舎。
玉井竜象 [1992]、「経済政策論における『ケインズ革命』」、『金沢大学経済学部論集』、第 13 巻第 1 号。
堂目卓生 [2008]、『アダム・スミス―「道徳感情論」と「国富論」の世界』、中央公論新社。
時永淑 [1970]、『経済学史』、法政大学出版局。
内藤敦之 [2011]『内生的貨幣供給理論の再構築―ポスト・ケインズ派の貨幣・信用アプローチ』、日本経済評論社。
中村廣治 [1996]、『リカードウ経済学研究』、九州大学出版会。
　　　　[2009]、『リカードウ評伝』、昭和堂。
西尾圭一郎 [2011]、「東アジアの金融システム構造の変化と金融危機」、岡本・楊枝編『なぜドル本位制は終わらないのか』、文眞堂、所収。
根本忠宣 [2003]、『基軸通貨の政治経済学』、学文社。
則武保夫 [1970]、「変動相場制と固定相場制」、神戸大学『国民経済雑誌』、第 121 巻第 6 号。
　　　　[1973]、「世界中央銀行案」、神戸大学『国民経済雑誌』、第 127 巻 5 号。
伴野志知郎 [1976]、「為替相場制度考」、『中央学院大学論叢』、第 11 号。
日高普 [1983]、『経済原論』、有斐閣。
平山健二郎 [2004]、「16 世紀の『価格革命』論の検証」、関西学院大学『経済学論究』、第 58 巻第 3 号。
藤川晶弘 [2003]、「『固定相場ドル本位』の不安定性」、法政大学『経済志林』第 71 巻、第 1 号。
藤本正富 [1995]、「J. S. ミル相互需要説をめぐる諸問題―W. ソーントンと W.

ヒューウェルの影響」、『経済学史学会年報』、第33号。
　　　［2001］、「J. S. ミル『経済学原理』第3版「国際価値論」新節の意味するもの」、大阪学院大学『経済論集』第15巻、第1号。
古谷豊［2003］、「ジェイムズ・ステュアートの計算貨幣」、東京大学『経済学研究』、第45号。
　　　［2004］、「ジェイムズ・ステュアートの貨幣論の構造」、埼玉大学『社会科学論集』、第112号。
堀塚文吉［1988］、『貨幣数量説の研究』、東洋経済新報社。
馬渡尚憲［1997］、『経済学史』、有斐閣。
　　　［1997］、『J. S. ミルの経済学』、御茶の水書房。
松岡孝児［1936］、『金為替本位制の研究』、日本評論社。
みずほ証券バーゼルⅢ研究会編［2012］、『詳解バーゼルⅢによる新国際金融規則』、中央経済社。
宮本佐知子［2003］、「英国経済とユーロ参加問題」、野村総合研究所、2003年8月7日。
村瀬哲治［2000］、『アジア安定通貨圏 - ユーロに学ぶ円の役割』、勁草書房。
　　　［2007］、『東アジアの通貨・金融協力』、勁草書房。
本山美彦［1989］、『国際通貨体制と権力構造』、三嶺書房。
　　　［1994］、『貨幣論の再発見』、三嶺書房。
　　　［2001］、『ドル化─米国金融覇権の道』、シュプリンガー・フェアラーク。
本澤実［2009］、『国際金融システムの再構築─金融再生の視点からのブレイディ構想の再評価』、御茶の水書房。
山本栄治［2002］、『国際通貨と国際資金循環』、日本経済評論社。
　　　［1997］、『国際通貨システム』、岩波書店。
山口重克［1984］、『経済原論講義』、東京大学出版会。
　　　［2000］、『金融機構の理論の諸問題』、御茶の水書房。
吉田暁［2002］、『決済銀行システムと銀行・中央銀行』、日本経済評論社。
吉野正和［2009］、『フリードマンの貨幣数量説』、学文社。
渡辺亮［2004］、「変動相場制30年の歴史に学ぶ円高ドル安習性と今後の展開」、法政大学『経済志林』、第72巻第1・2号。
渡辺良夫［1998］、『内政的貨幣供給理論』、多賀出版。

その他

『アエラ』2003 年 1 月 27 日号「ドル暴落が日本を襲う」、朝日新聞出版。

『別冊東洋経済：新金本位制』、1982 年。

王東 [2011]、「我国外匯資産安全与貨幣政策的前瞻性」（わが国の外国為替の資産の安全と貨幣政策の展望性）、学術期刊当代経済 Contemporary Economics、2011 年第 3 期。

経済企画庁編『平成 10 年度版　世界経済白書』、大蔵省印刷局。

IMF：Currency Composition of Official Foreign Exchange Reserves

IMF：http://www. imf. org/external/japanese/np/exr/facts/sdrj. htm

IMF：World Economic Outlook Databases

財務省

http://www. imf. org/external/np/sta/cofer/eng/cofer. pdf

http://www. imf. org/external/japanese/np/exr/facts/sdrj. htm

経済産業省

http://www. meti. go. jp/policy/trade_policy/east_asia//activity/about. html

人名索引

Aristotle（アリストテレス）18, 35~37
Bailey, Samuel（サミュエル・ベイリー）18
Blaug, Mark（マーク・ブラウグ）58
Fisher, Arving（アーヴィング・フィッシャー）61~64, 66, 68~70, 84, 88, 97, 101
Friedman, Milton（ミルトン・フリードマン）70, 97, 98~110, 112, 134~136, 167, 194, 195
Harris, Joseph（ジョセフ・ハリス）35, 77
Harrod, Roy（ロイ・ハロッド）77, 78, 82
Hume, David（デイヴィッド・ヒューム）7, 41~43, 58~62, 65, 70, 71, 74, 104, 105
Kaldor, Nicholas（ニコラス・カルドア）97, 106~113
Knapp, Georg Friedrich（ゲオルグ・フリードリッヒ・クナップ）10
Keynes, John Maynard（ジョン・メイナード・ケインズ）11, 12, 61, 97, 98~100, 104~106, 110, 111, 120, 121, 170, 173~178, 181, 183, 184
Law, John（ジョン・ロー）7, 36
Locke, John（ジョン・ロック）58, 59, 65, 68, 71, 77, 79~81
MacLean, Brian（ブライアン・マクリーン）161
Marshall, Alfred（アルフレッド・マーシャル）194
Marx, Karl（カール・マルクス）18, 48, 51, 53, 54, 61, 92~97, 108, 114, 115, 117~119, 208~211, 215
McKinnon, Ronald（ロナルド・マッキノン）165
Mill, JS（J.S. ミル）45, 60, 65, 67, 72, 74
Montesquieu Charles Louis de Secondat（シャルル・ルイ・ドゥ・モンテスキュー）24, 58
Mun, Thomas（トーマス・マン）60
Mundell, Robert（ロバート・マンデル）6, 148~152, 190~195
Petty, William（ウイリアム・ペティ）94
Ricardo, David（デイヴィッド・リカードウ）9, 54, 61, 71, 72, 74, 84~92, 96, 111, 198
Schumpeter, Joseph（ジョセフ・シュンペーター）84
Smith, Adam（アダム・スミス）34, 35, 37, 59, 70~73, 80, 84, 108
Steuart, James（ジェームズ・ステュアート）24, 55, 58, 73~75, 77, 87, 88, 198
Tooke, Thomas（トーマス・トゥック）70, 92
Triffin, Robert（ロバート・トリフィン）123, 124, 170
Turgot, Anne Robert Jacques（アネ・ロバート・テュルゴー）18, 22
Zoellick Robert Bruce（ロバート・ゼーリック）16, 183

宇野弘蔵　19, 208, 212

あとがき

　2013年5月30日、馬渡尚憲先生が急逝された。残念でならない。享年73歳。先生とは10年違いで誕生日は同じであった。生来の怠け者の私が、まがりなりにも研究の道を歩むことができたのは、大学院生時代の先生の厳しい指導のおかげである。

　価値論も、価値形態論も、転形問題も、私の研究の土台は、先生の教えによる。経済原論も経済学史も先生から学んでいる。本書の中に含まれる日本銀行国有化の論点は、リカードウの国立銀行設立試案に基づく。昨年夏、先生にそのことを話した際に、「200年前の論文なのだからもう君のオリジナルだよ」、と笑って言っておられた。しかし、もはや本書を先生に批判していただくことはできない。

　経済学にとって、進歩と後戻りは、紙一重である。学生時代にはほとんど評価されることがなかった貨幣数量説は、たちどころに主流派経済学となって復活した。こうした学問の理論研究のためには学説史研究は不可欠である。学説史研究を背景に持つことで理論研究の方向性を見い出すことができるものと考える。

　貨幣数量説は、300年以上の歴史を持つ理論であり、自明の真理として受け取られてきた反面、根本的な批判も行われてきた。本書は、貨幣数量説に対して批判的な考察を行っている。また、金と紙幣に関する貨幣価値論の考察を踏まえて、今日の国際通貨の問題を考察してきた。本書の主張点の多くは、通説の枠からはみ出たものである。これらは浅学を顧みずに行った問題提起であり、御批判をいただければ幸いである。

　本書は、埼玉学園大学の出版助成金の援助によって出版が可能となった。埼玉学園大学の支援がなければ、本書の出版はなかったものと考えられる。埼玉学園大学峯岸進学長をはじめ関係された教職員の皆様に心から御礼申し上げたい。また、本書を企画し、出版していただいた社会評論社の松田健二代表に対し深く感謝申し上げたい。最後に、本書の原稿を読み、根気よく筆を入れていただいた篠崎徳治氏と五十嵐理恵さんに、心より御礼申し上げたい。

　2013年7月3日　　　　　　　　　　　　　　　　　　奥山忠信

奥山忠信（おくやま　ただのぶ）

1950年生まれ。東北大学経済学部卒業。東北大学大学院博士課程前期課程修了。同後期課程単位取得。経済学博士。埼玉大学経済学部教授、上武大学学長を経て、現在、埼玉学園大学経済経営学部教授。

著書『貨幣理論の形成と展開－価値形態論の理論史的考察』（社会評論社、1990年）、『富としての貨幣』（名著出版、2000年）、『金の魅力 金の魔力』（共著者：高橋靖夫、社会評論社 2002年）、『ジェームズ・ステュアートの貨幣論草稿』（社会評論社、2006年）、『ジェームズ・ステュアート「経済学原理」草稿―第3編貨幣と信用―』（共著者：古谷豊、御茶の水書房、2007年）、『現代社会における組織と企業行動』（共編者：張英莉、社会評論社、2012年）など。

埼玉学園大学研究叢書　第8巻
貨幣理論の現代的課題──国際通貨の現状と展望──

2013年7月31日　初版第1刷発行

著　者：奥山忠信
装　幀：桑谷速人
発行人：松田健二
発行所：株式会社社会評論社
　　　　東京都文京区本郷2-3-10　☎03(3814)3861　FAX.03(3818)2808
　　　　http://www.shahyo.com

組版・印刷・製本：倉敷印刷株式会社

Printed in Japan